和・洋・中・エスニック etc.
定番の家庭料理からお店の味まで

たれ・ソース・ドレッシングの基本とアレンジ大全801

JN029206

もくじ

「和のおかず」の基本とアレンジ

照り焼き …… 14
基本の照り焼き/ピリ辛照り焼き
梅照り焼き/カレー照り焼き
ナンプラー照り焼き

ホイル焼き …… 15
基本のホイル焼き/ごまみそ焼き
レモン塩焼き/梅だれ/レモンしょうゆだれ

串焼き …… 16
ピリ辛みそソース/サテソース
マヨネーズソース/ピリ辛ソース
鶏つくねのたれ

肉野菜炒め …… 17
基本の肉野菜炒め/チリソース炒め
オイスターソース炒め

しょうが焼き …… 18
基本のしょうが焼き/みそ焼き
すりおろし玉ねぎのしょうが焼き

肉じゃが …… 18
基本の肉じゃが/韓国風肉じゃが
塩肉じゃが

チキン南蛮 …… 19
基本の甘酢だれ/基本のタルタルソース

手羽先 …… 19
基本の甘辛手羽先/ヤンニョムチキン

から揚げ …… 20
基本の下味/オイスターソースの下味
ナンプラーの下味/薬味ポン酢だれ
梅だれ

天ぷら …… 21
基本の天つゆ/しょうがじょうゆ
抹茶塩/カレー塩
しょうが風味の衣/カレー風味の衣

トンカツ …… 22
ポン酢しょうゆ/みそカツソース
甘辛ソース/カクテルソース
しょうがソース

揚げものソース …… 23
簡単ソース/チーズタルタルソース
カスタードソース/トマトソース
ヨーグルトソース/サワークリームソース
中華風ソース/和風梅ソース

ゆで豚 …… 24
オニオンだれ/トマト香味だれ
オイスターだれ/グリーンだれ
中華風だれ

煮豚 …… 25
角煮/ラフテー

筑前煮 …… 25
基本の筑前煮/カレー筑前煮

煮魚 …… 26
基本の煮魚/みそ煮/レモンバター煮
トマトジュース煮

南蛮漬け …… 26
基本の南蛮だれ
香味野菜のさっぱり南蛮だれ
イタリアン南蛮だれ

焼き魚 …… 27
ゆずこしょうおろし/香味だれ
チリだれ/西京焼きの漬け床
蒲焼きのたれ

あさりの酒蒸し …… 28
基本のあさりの酒蒸し
あさりのだし蒸し
あさりの香草バター蒸し

かつおのたたき …… 28
ポン酢だれ/梅風味だれ/マスタード風味だれ
マヨしょうゆだれ

ぶり大根 …… 29
基本のぶり大根
コチュジャン味のぶり大根

磯辺揚げ …… 29
基本の磯辺揚げ衣/カレー風味の磯辺揚げ衣

刺身 …… 30
土佐じょうゆ/しょうがじょうゆ
塩ポン酢

目玉焼き …… 32
からしマヨ/クミンレモン/ねぎだれ
七味塩/ピリ辛だれ

卵焼き …… 33
定番のだし巻き卵/甘い卵焼き

茶碗蒸し …… 33
基本の茶碗蒸し/中華風茶碗蒸し
あんかけ茶碗蒸し

きんぴら …… 34
基本のきんぴら/洋風きんぴら
中華風きんぴら/カレーきんぴら

煮びたし …… 35
基本の煮びたし/ピリ辛煮びたし

かぶら蒸し …… 35
基本のとろみあん/かにあん

あえもの 36
基本のごまあえ/ごまみそあえ/ごまマヨあえ
コチュジャンあえ/マヨ白あえ/ナムル
酢ナムル/マスタードナムル

おひたし 37
基本のおひたし/わさび酢おひたし
ごま酢おひたし

一夜漬け 38
しょうが漬け/じょうゆ漬け/スタミナ漬け
梅酢漬け/ゆずこしょう漬け/韓国風漬け
ごまみそ漬け/ポン酢マヨネーズ漬け
キムチ漬け

ふろふき大根 39
基本の練りみそ/ゆずみそ
白玉みそ

ひじきの煮もの 39
基本のひじき煮
ひじきのトマト煮
ひじきバターしょうゆ煮

冷ややっこ 40
イタリアン冷ややっこ/ねぎみそやっこ
香菜とザーサイのエスニックやっこ
ねぎ塩やっこ/コチュジャンやっこ
大根おろしやっこ/豆豉やっこ

納豆 41
ゆでキャベツ+からしマヨ/まぐろ納豆
おかかしょうゆ/ごま油
納豆と厚揚げのチリソース/ねぎみそ七味
オクラ納豆の緑ポン酢/レモン+オリーブ油

チャンプルー 42
基本のゴーヤチャンプルー
みそチャンプルー
ソーミンチャンプルー

揚げだし豆腐 42
基本の揚げだし豆腐のあん
梅あん/きのこあん

「洋のおかず」の基本とアレンジ

ステーキ 44
ディルソース/梅肉ソース
フレッシュトマトソース/赤ワインソース
ツナソース/バターソース
マヨカレーソース/粒マスタードソース
ホットオニオンソース

ハンバーグ 46
定番のソース/にんにく風味バターしょうゆ
レッドソース/ハワイアンソース
和風おろしソース/ごまソース

カツレツ 48
トマトソース/マヨソース
バジルソース/みそソース
ミラノ風カツレツの衣
ガーリック風味カツレツの衣

ソテー 49
バターソース/マヨしょうゆソース
りんごソース/エスニックソース
大葉みそソース/簡単ジェノベーゼ風ソース
オランデーズソース

ピカタ 50
イタリアントマトソース
ワインケチャップソース
カレークリームソース
基本のピカタの衣/ガーリック衣/ハーブ衣

ロールキャベツ 51
イタリアンロールキャベツトマト
基本のロールキャベツコンソメ
和風ロールキャベツ
ロールキャベツのサワークリーム煮

フライドチキン 52
フライドチキンのもみだれ
チーズシーズニング
スパイシーシーズニング
和風シーズニング

ローストチキン 52
グレイビーソース/わさびバターソース

ラタトゥイユ 53
基本のラタトゥイユ/和風ラタトゥイユ

スペアリブ 53
ハーブオイル焼き/マーマレード煮
ピリ辛つけだれ

香草焼き 54
基本のパン粉/しょうゆパン粉
にんにくパン粉/青じそパン粉

ムニエル 55
白ワインソース/ガーリッククリームソース
レモンマヨソース/バルサミコソース
昆布のうま味ソース

アクアパッツァ 56
基本のアクアパッツァ
トマトのアクアパッツァ
和風アクアパッツァ

チリコンカン 56
基本のチリコンカン/簡単チリコンカン

マリネ 57
基本のマリネ液/カレーマリネ液
和風マリネ液

オムレツ 57
自家製ケチャップ/簡単ケチャップソース

サラダディップソース 58
クリームチーズディップ
みそチーズディップ
レモンツナマヨディップ/みそマヨソース
バーニャカウダ/にんにく卵黄ソース
温野菜の和風ごまソース

ポテトサラダ 59
基本のポテトサラダ
カレー風味ポテトサラダ
コンビーフ入りポテトサラダ

「中華・韓国・その他 エスニックのおかず」の 基本とアレンジ

酢豚 ……62
基本の酢豚/町中華の酢豚
グレープフルーツジュース入り酢豚
黒酢酢豚/梅酢豚

ぎょうざ ……63
定番酢じょうゆだれ/梅おろしだれ
炒めにんにくだれ/レモン塩だれ
スイートチリしょうゆだれ
わさびだれ

かに玉 ……64
基本のかに玉あん/甘酢あん
和風かに玉あん

青椒肉絲 ……64
基本の青椒肉絲/和風青椒肉絲

レバにら ……65
基本のレバにら/みそ風味レバにら
ピリ辛レバにら

八宝菜 ……66
基本の八宝菜/塩味の八宝菜
しょうゆ味の八宝菜

回鍋肉 ……67
町中華の回鍋肉/牛カルビの回鍋肉
車麩の回鍋肉風

マーボー豆腐 ……68
基本の四川マーボー豆腐/和風マーボー豆腐
みそだれ

棒棒鶏 ……69
基本の棒棒鶏だれ/マヨごまだれ
みそだれ

シューマイ ……70
ナンプラーだれ/しょうが風味のたれ
にんにくヨーグルトだれ/赤じそだれ
基本のシューマイ/チーズ入りシューマイ

油淋鶏 ……71
基本の油淋鶏のたれ/トマトだれ
XO醤だれ

春巻き ……72
基本の春巻き/みそ風味春巻き/チリだれ

エビチリ ……72
基本のエビチリ/本格エビチリ

生春巻き ……73
ナンプラーだれ/スイートチリだれ
甜麺醤だれ

チャプチェ ……74
基本のチャプチェ/さっぱりチャプチェ

チヂミ ……74
コチュレモンだれ/甘辛マヨだれ
コチュみそだれ/甘辛しょうゆだれ

焼き肉 ……75
おろしだれ/甘辛だれ/塩だれ/ケチャップだれ
チリだれ/しょうゆベース/みそベース
ごま油・にんにくベース/ケチャップベース

「ごはんもの・主食」の 基本とアレンジ

おにぎり/焼きおにぎり ……78
おにぎり
梅おかかおにぎり
アボカド鮭
青じそしらすのゆずこしょう
焼きおにぎり
バターしょうゆ/さんしょうしょうゆ
梅肉じょうゆ/マヨネーズしょうゆ
ねぎみそ/くるみみそ/中華風みそ

炊き込みごはん ……80
基本の炊き込みごはん/栗ごはん
豚バラ肉と明太子の炊き込みごはん/豆ごはん
さんまの炊き込みごはんオリーブ油風味

チャーハン ……81
基本のチャーハン/タイ風チャーハン
XO醤チャーハン/キムチチャーハン
焼き肉のたれチャーハン

リゾット ……82
クリームリゾット/トマトのリゾット
和風桜えびのリゾット/カレーリゾット

ドリア ……83
なすのミートドリア/カレードリア

グラタン ……83
基本のグラタン/みそマヨグラタン

カレー ……84
基本のカレーライス/酒粕入りカレー
野菜のスープカレー/チキンのヨーグルトカレー
えびのグリーンカレー/キーマカレー
ドライカレー/南国風ポークカレー

ハヤシライス ……88
ホールトマト缶で作るソース
焼き肉のたれで作る簡単ソース
デミグラス缶で作る昔ながらのソース
デミグラス缶で作る和風ソース

オムライス ……89
わさびソース/ダブルトマトソース
ビーフソース/梅みそソース/明太クリームソース

丼もの ……90
親子丼/牛丼/韓国風牛丼/まぐろ漬け丼
洋風漬け丼/ソースカツ丼/深川丼

卵かけごはん ……92
砂糖じょうゆだれ/昆布しょうゆだれ
おかかしょうゆだれ/ねぎごま油/ねぎみそ七味だれ
薬味しょうゆだれ/オイスターソースだれ

「パン・粉もの」の基本とアレンジ

パエリア ‥‥‥‥‥ 93
基本のパエリア／ガーリックパエリア
和風パエリア

ピラフ ‥‥‥‥‥ 93
カレーピラフ／メキシカンピラフ

タコライス ‥‥‥ 94
サルサソース／タコソース
和風サルサソース

ビビンパ ‥‥‥‥‥ 94
基本の牛肉の下味／ごま風味の牛肉の下味
ナムル

サンドイッチ ‥‥‥ 96
マヨソース／クリーミーレモンソース
アンチョビソース／チーズソース
マスタードバター／レモンバター
パセリバター

バーガー ‥‥‥ 98
BBQソース／アボカドソース
ピクルスマヨネーズソース
照り焼きソース／サウザンアイランドソース

ピザ ‥‥‥‥‥ 99
基本のピザソース／ジェノベーゼソース
明太クリームソース
アンチョビガーリックソース
ゴルゴンゾーラソース

トースト ‥‥‥‥‥ 100
ガーリックソース／小倉ソース
いちごソース／ツナソース
和風クリームチーズソース

「汁もの・鍋もの」の基本とアレンジ

みそ汁 ‥‥‥‥‥ 102
基本のみそ汁／ごまみそ汁／豆乳みそ汁
洋風みそ汁

豚汁 ‥‥‥‥‥ 104
基本の豚汁／ごまバター豚汁／キムチ豚汁

お吸いもの ‥‥‥ 104
すまし汁／もずく汁

ホワイトシチュー ‥‥‥ 105
基本のホワイトシチュー／和風豆乳シチュー

ビーフシチュー ‥‥‥ 105
基本のビーフシチュー／和風ビーフシチュー

ポトフ ‥‥‥‥‥ 106
基本のポトフ／トマトポトフ
和風ポトフ／エスニックポトフ

ガスパチョ ‥‥‥ 107
基本のガスパチョ／和風ガスパチョ

クラムチャウダー ‥‥‥ 107
基本のクラムチャウダー
マンハッタンクラムチャウダー

ポタージュ ‥‥‥ 108
基本のポタージュ／トマトのポタージュ

ミネストローネ ‥‥‥ 108
基本のミネストローネ／和風ミネストローネ

ブイヤベース ‥‥‥ 109
基本のブイヤベース／簡単ブイヤベース

中華スープ ‥‥‥ 109
中華コーンスープ／酸辣湯風スープ

「めん」の基本とアレンジ

トムヤムクン ‥‥‥ 110
簡単トムヤムクン／トムヤムクンナームサイ
トムヤムクンナームコン

鍋 ‥‥‥‥‥ 112
ベース
しょうゆベース／ごまみそベース
トマトベース／ホワイトベース
つけだれ
甘みそだれ／香味ごまだれ
木の芽だれ／おろしポン酢だれ

しゃぶしゃぶ ‥‥‥ 114
ポン酢だれ／梅肉しょうゆ
ごまだれ／塩だれ／レモンとろろだれ

おでん ‥‥‥‥‥ 115
濃いめのつゆ／あっさりつゆ
洋風おでん／みそカレーおでん

すき焼き ‥‥‥ 116
関東風すき焼き／関西風すき焼き
赤ワインすき焼き／韓国風すき焼き

うどん ‥‥‥‥‥ 118
京風うどん／カレーうどん／みそ煮込みうどん

焼きうどん ‥‥‥ 118
基本の焼きうどん／梅昆布焼きうどん

そば ‥‥‥‥‥ 119
基本のつけつゆ／きのこつけ汁／くるみ汁
カリフォルニアつゆ

そうめん ‥‥‥ 120
基本のそうめんつゆ／カレー南蛮つゆ
ごまだれ／みそ豆乳だれ／トマトポン酢つゆ
納豆つゆ／のりわさびつゆ
みそラーメン風つゆ／韓国風つゆ
塩レモンつゆ／中華風ごまつゆ
おろしきゅうりのしょうがつゆ

パスタ ……… 122
ペペロンチーノ／カルボナーラ
アボカドクリーム
ポモドーロ／ポルチーニのクリーム
ツナみそ／たらこ

焼きそば ……… 125
基本の焼きそば／塩焼きそば
カレー風味焼きそば
ナポリタン風焼きそば
シンガポール風焼きそば

ラーメン ……… 126
しょうゆラーメン／みそラーメン／塩ラーメン

冷やし中華 ……… 127
しょうゆだれ／ごまだれ

冷めん ……… 127
基本の冷めん／ピーナッツだれ冷めん

フォー ……… 128
牛のフォー／簡単野菜のフォー

万能だれ・万能ソース・万能ドレッシング

ポン酢だれ ……… 130
基本のポン酢しょうゆ
簡単ポン酢しょうゆ／塩ポン酢

酢みそだれ ……… 131
基本の酢みそ／山椒酢みそ／ふき酢みそ

ごまだれ ……… 132
中華風ごまだれ／ごま酢だれ
ごまクリームだれ

梅だれ ……… 133
基本の梅だれ／梅酢だれ／梅みそだれ

甜麺醤だれ ……… 134
基本の甜麺醤だれ／ごまマヨ甜麺醤だれ
甘辛甜麺醤だれ

XO醤だれ ……… 135
基本のXO醤だれ／オリーブ風味のXO醤だれ
マヨXO醤だれ

合わせ酢 ……… 136
土佐酢／香味酢／柿みぞれ酢／甘酢／緑酢
おろしりんご酢／三杯酢

ベースオイル ……… 138
アンチョビオイル／レモンオイル／豆鼓オイル
ハーブオイル／アリッサオイル／青じそオイル
香りラー油

手作りマヨネーズ ……… 140
基本の手作りマヨネーズ
手作りソイマヨネーズ

タルタルソース ……… 141
基本のタルタルソース／和風タルタルソース
ケイパータルタルソース

オーロラソース ……… 142
基本のオーロラソース
チリ風味のオーロラソース
大人のオーロラソース

ツナマヨソース ……… 143
基本のツナマヨソース
ツナマヨソース ピクルス入り
クリーミーツナマヨソース

たらこ・明太子マヨソース ……… 144
基本の明太マヨソース
クリーミー明太マヨソース
クリーミー明太マヨソース／たらこマヨソース

ちょい足しマヨソース ……… 145
わさびマヨソース／おかかマヨソース
梅マヨソース

マスタードソース ……… 146
マスタードマヨソース／和風マスタードソース
ディルマスタードソース

アンチョビソース ……… 147
バーニャカウダソース／タップナードソース
アンチョビマヨソース

カレーソース ……… 148
カレーマヨソース／和風カレーソース
カレー＆マスタードのスパイシーソース

ナンプラーソース ……… 149
基本のナンプラーソース
ナンプラー赤ワインビネガーソース
エスニック香味ソース

卵黄ソース ……… 150
洋風卵黄ソース
オランデーズソース／アイオリソース
レムラードソース
和風卵黄ソース
黄身酢ソース／黄身ごまからしソース
卵黄おかかソース

ハーブソース ……… 152
ジェノベーゼソース／簡単バジルソース
サルサヴェルデソース

その他野菜ソース ……… 153
きゅうりのソース／にんじんのディップソース
かぼちゃのディップソース

ケチャップソース ……… 154
スイートチリソース／バーベキューソース
ケチャップ風味ドレッシング
ごまケチャップソース／イタリアントマトソース
レモンケチャップソース

チーズソース ……… 156
ブルーチーズソース
辛みチーズディップソース／シーザーソース
カッテージチーズソース
クリームチーズソース／フォンデュソース

ヨーグルトソース …… 158
ヨーグルトソース
イタリアンヨーグルトソース
ヨーグルトマスタードソース
ヨーグルトマヨソース
ヨーグルトディップソース
フムス風ディップソース

オリーブオイルドレッシング …… 162
基本のオリーブオイルドレッシング
グリーンオリーブドレッシング
ハーブオリーブドレッシング

バルサミコ酢ドレッシング …… 163
基本のバルサミコドレッシング
ガーリックオニオンバルサミコドレッシング
和風ナッツバルサミコドレッシング

ワインビネガードレッシング …… 164
基本のワインビネガードレッシング
しょうが風味のワインビネガードレッシング
柑橘ワインビネガードレッシング

米酢ドレッシング …… 165
基本の米酢ドレッシング
玉ねぎ米酢ドレッシング
パセリ米酢ドレッシング

和風ドレッシング …… 168
基本の和風ドレッシング
和風しょうがドレッシング
和風おろしドレッシング
和風玉ねぎドレッシング
和風からしドレッシング
和風わさびドレッシング
和風にんにくドレッシング

中華風ドレッシング …… 170
基本の中華風ドレッシング
中華風しょうがドレッシング
中華風干しえびドレッシング
中華風山椒ドレッシング
中華風生唐辛子ドレッシング
中華風ゆずドレッシング
中華風塩麹ドレッシング

しょうゆドレッシング …… 172
スパイシーしょうゆドレッシング
ベーコンしょうゆドレッシング
エシャロットしょうゆドレッシング

ポン酢ドレッシング …… 173
オリーブポン酢ドレッシング
昆布茶ポン酢ドレッシング／梨ポン酢ドレッシング

みそドレッシング …… 174
基本のみそドレッシング
しょうがみそドレッシング／ゆずみそドレッシング

めんつゆドレッシング …… 175
和風めんつゆドレッシング
洋風めんつゆドレッシング
黒酢玉ねぎめんつゆドレッシング

ごまドレッシング …… 176
基本のごまドレッシング／中華ごまドレッシング
ノンオイルごまドレッシング

梅ドレッシング …… 177
基本の梅ドレッシング
カリカリ梅ドレッシング／梅ごまドレッシング

ナンプラードレッシング …… 178
基本のナンプラードレッシング
ベトナム風ドレッシング／エスニックドレッシング

カレードレッシング …… 179
基本のカレードレッシング
カレー風味のクミンドレッシング
カレー風味のイタリアンドレッシング

豆板醤ドレッシング …… 180
基本の豆板醤ドレッシング
豆板醤ザーサイドレッシング
豆板醤ごまドレッシング

コチュジャンドレッシング …… 181
基本のコチュジャンドレッシング
にんにく風味のコチュジャンドレッシング
みそコチュジャンドレッシング

アンチョビドレッシング …… 182
基本のアンチョビドレッシング
パンチェッタのアンチョビドレッシング
モナコ風ドレッシング

ハーブドレッシング …… 183
オレガノとバジルのドレッシング
ディルとゆずのドレッシング
ミントドレッシング

マヨドレッシング …… 184
オレンジ風味のマヨネーズドレッシング
にんにく風味のクリーミーマヨドレッシング
和風マヨネーズドレッシング

マヨディップ …… 185
みそマヨディップ／かにとゆで卵のディップ
ピリ辛マヨディップ

コラム
この本に登場する
たれ・ソース・ドレッシング …… 8
この本の使い方 …… 12
これだけは用意しておきたい食材① …… 31
これだけは用意しておきたい食材②
〜和風編〜 …… 60
しょうゆ …… 76
みそ …… 79
これだけは用意しておきたい食材③
〜世界の味編〜 …… 103
植物油 …… 111
ドレッシング作りの基本 …… 160
サラダ作りの基本 …… 161
酢 …… 166

この本に登場する たれ・ソース・ドレッシング

まずは、この本に登場するたれ・ソース・ドレッシングの種類と使い方をご紹介します。これさえおさえておけば、アレンジ自在で料理のレパートリーは無限大に。

たれ

合わせだれ

**一発で味が決まり
調理の時短にも役立つ**

この本で紹介するたれのなかでも、最も汎用性が高いのが「合わせだれ」のレシピ。酒、みりん、しょうゆなどの調味料を合わせておき、焼きもの、炒めもの、煮もの、蒸しものなどの調理の際に加えます。先に調味料を合わせておくから、調理の時短にもお役立ち。一発で味が決まります。

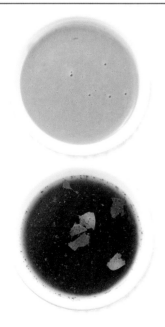

もみだれ

**しっかりもみ込むことで
下味をつけてジューシーに**

おもに肉や野菜の下味をつけるために使用するたれ。塩、こしょう、しょうゆなどの調味料のほか、しょうがやにんにくのすりおろしを加える場合もあります。本書では、から揚げやフライドチキン、マリネなどのレシピで使用。材料にもみ込むことで味がしみ込み、ジューシーに仕上がります。

漬け込みだれ

時間をおいて漬け込むと味がなじんでよりおいしく

たれの材料を混ぜ合わせ、食材を漬け込みます。「もみだれ」と違って時間をおくことで、しっかり味がなじんでおいしくなります。漬け時間は10〜15分程度のものから、一時間以上のものまでレシピによってさまざま。肉や魚介を漬け込むときは、冷蔵庫に入れておくとよいでしょう。ポリ袋を使うと、より手軽になります。

シンプルな料理に添えれば味のバリエが広がる

つけだれ

出来上がった料理につけながらいただくタイプのたれ。ぎょうざ、シューマイなどの中華料理のほか、焼き肉、刺身、鍋ものなど、素材の味を生かしたシンプルな料理のときに活躍します。小皿などに入れて料理に添え、食卓でたれをつけながらいただくので、好みに合わせて味のバリエーションを楽しめます。

仕上げにかけるだけでいつもの料理が大変身

かけだれ

調理の最後にかけて仕上げるタイプのたれ。シンプルに焼いただけの肉や魚も、仕上げにたれをかければ、ごちそう風にグレードアップします。たとえば、マンネリになりがちないつもの焼き魚も、おろしだれ、香味だれ、チリだれ…と、かけだれをチェンジすると新鮮な味わいに。見た目が華やかになるのもうれしい。

ソース

定番料理もソースの変化で
バリエーションが広がる

洋風、エスニック風の料理にかけていただくソース。同じ料理でも、ソースが変われば新たな味わいに生まれ変わります。

また、本書の後半ページでは、どんな料理にも合う万能ソースのレシピも紹介しています。ソースごとに、おすすめのレシピ例も紹介していますので、ぜひ自由に試してみてください。

ドレッシング

酢、塩、油の組み合わせで
自家製ならではのアレンジ

サラダに欠かせないドレッシング。基本は酢、塩、油の組み合わせです。塩のかわりにしょうゆやみそなど、ほかの調味料を使えば、手軽にオリジナルの自家製ドレッシングが完成します。酢と油も、好みでワインビネガーやバルサミコ酢、オリーブ油やごま油などにチェンジして、味わいの違いを楽しんでください。

その他

つゆ

和洋中いろいろなつゆで季節を問わず楽しめる

天つゆ、そばつゆ、そうめんつゆなどの「つゆ」も基本とアレンジのレシピを紹介しています。風味豊かな和風だしに、しょうゆとみりんで味つけした基本のつゆのほか、和洋中さまざまなアレンジつゆを紹介していますので、複数のつゆを用意して食べ比べしてみるのもオススメです。

漬け床

みそや麹など発酵の力でうま味と香りをプラス

発酵食品の力を利用して、食材に独特のうま味と香りをプラスしてくれる漬け床。本書では、白みそと酒粕を使う西京焼きの漬け床を紹介しています。定番のさわらなどの切り身魚のほか、豚肉や鶏肉、豆腐などを漬けてもおいしいです。好みでいろいろ試してみてください。

つけ塩

いつものつけだれやつゆに飽きたら、塩で通の味

天ぷらには天つゆが定番ですが、たまには「つけ塩」も乙なもの。抹茶塩、カレー塩など、風味豊かなつけ塩をプラスすることで、いつもの家庭料理もお店のような味に。つけ塩に使う塩は、精製塩ではなく天然塩がオススメ。なかでも、岩塩よりミネラル豊富な海塩がぴったりです。

衣

ハーブやスパイスで風味豊かなアレンジ衣に

天ぷらのほか、カツレツ、磯辺揚げなど、定番の揚げものの衣に、ほんの少しハーブやスパイスをプラスするだけで、風味豊かなアレンジ衣が完成します。家庭で作る揚げものは、衣のサクサク感が最高！　揚げたてを熱々のうちに召し上がれ。

あん

なめらかな口あたりで料理を冷めにくくする

片栗粉でとろみをつけ、料理の仕上げにかける「あん」。なめらかで口あたりがよくなるうえ、味がからんでうま味がアップします。料理を冷めにくくする効果も。本書では、かぶら蒸しのあんや、かに玉のあんの基本とアレンジレシピを紹介しています。

あえ衣

ゆで野菜をあえるだけであっという間に作れる

あえものにする野菜などにあえる調味料を「あえ衣」と呼びます。ごまあえ、ごまみそあえ、ごまマヨあえ、マヨしょうゆあえなど、あえ衣の黄金比率を覚えておくと便利。野菜はもちろん、豆類、肉類、魚介類などにあえて、お気に入りの組み合わせを見つけて。

シーズニング

さっとひと振りすればいつものメニューも味変

スパイスやハーブなど複数の粉末調味料を合わせたものが「シーズニング」。さっとひと振りするだけで、マンネリ化しがちなメニューも本格的な味に仕上がります。この本では、フライドチキンの味変におすすめのシーズニングなどをご紹介しています。

この本の使い方

料理写真

基本の作り方の料理写真です。写真のつけ合わせやトッピングは材料に含まれていない場合がありますので、お好みで用意してください。

基本の作り方

基本となる手順です。〈〉内のたれ・ソース・ドレッシングなどの材料をかえることで、様々な味つけのバリエーションが楽しめます。

分量について

基本の作り方では、料理によって、2人分、4人分など、作りやすい分量を表記しています。アレンジのたれ、ソースなどの材料も、特に表記がない場合、基本の作り方の分量に準じていますので、必要に応じて加減してください。

ミニコラム

調味料や食材について、知っておくと役立つ豆知識を紹介しています。

照り焼き
今や世界の定番メニュー
甘辛いたれが食欲をそそる

〈合わせだれ〉

基本の照り焼き
鶏肉、白身魚など
材料
酒・みりん・しょうゆ…各大さじ1½
砂糖…大さじ1
作り方
材料をよく混ぜて基本の作り方③で加え、たれを煮詰めてからめる。

ピリ辛照り焼き
白身魚、鶏肉、赤身魚など
材料
酒・みりん…各大さじ1、豆板醤…小さじ½〜1
しょうゆ・砂糖…各大さじ½
作り方
材料をよく混ぜる。基本の作り方③で、汁けがほぼなくなるまで煮詰める。

梅照り焼き
鶏肉など
材料
酒・みりん・しょうゆ・水…各大さじ1
砂糖…小さじ1、梅肉…大さじ½
作り方
材料をよく混ぜ合わせ、基本の作り方③で加える。

カレー照り焼き
白身魚、鶏肉、豚肉など
材料
酒・みりん…各大さじ3、しょうゆ…大さじ1½
カレー粉…小さじ1
作り方
材料をよく混ぜ合わせ、基本の作り方③で加える。

ナンプラー照り焼き
白身魚、鶏肉、豚肉など
材料
酒・はちみつ・水…各大さじ1
ナンプラー…大さじ1½、レモン汁…大さじ2
赤とうがらしの小口切り…1本分
作り方
材料をよく混ぜ合わせ、基本の作り方③で加える。

14

基本の作り方
材料(2人分)
鶏もも肉…1枚
〈合わせだれ〉
作り方
①鶏もも肉は、皮目をフォークで刺して穴をあける。
②フライパンにサラダ油適量を熱し、鶏肉の皮を下にして入れ、強火で両面に焼き色をつけたら、中火にしてふたをし、5分ほど蒸し焼きにする。
③溶け出した脂をふき取り、〈合わせだれ〉を加えて煮からめる。

【ミニコラム例】
たまりしょうゆで仕上がりが美しく
たまりしょうゆは加熱することで赤みがふつうのしょうゆより濃く出るため、焼きものやつくだ煮などに加えると、深いコクが出て照りよく仕上がる。原材料の大豆によりたんぱく質が多く、独特のうまみや香りが特徴。しょうゆ加熱特有の香ばしさも加えられるので、塩分が少なめでも満足感のある味に。煮もの、汁ものなど料理に深みを加えたいときに使える。

たれ・ソース・ドレッシングなどの材料と作り方について

基本の作り方で使用するたれ・ソース・ドレッシングなどのレシピを紹介しています。料理の手順は、特に表記のない場合、基本の作り方のレシピに準じてください。

オススメの食材

基本の作り方で紹介している材料のほかにも、それぞれのたれ・ソース・ドレッシングなどによく合うオススメの食材を記載しています。

だし・スープについて

だし汁は特に注記がない場合は、かつお節や昆布などでとった和風だしを指します。市販の即席だしを使う場合は、パッケージの表示どおりに湯に溶かすなどしてご用意ください。スープは特に注記のない場合、湯に顆粒スープの素や固形スープの素をパッケージの表示どおりに溶かしたものを使用しています。顆粒スープ、固形スープは洋風スープの素を、中華風スープは鶏ガラスープの素を使用してください。

分量の表記

大さじ1は15ml、小さじ1は5ml、1カップ200mlです。炊飯用の計量カップは1カップ180ml=1合です。
にんにく、しょうがが1かけは、親指の先くらいの大きさを目安にしています。

調味料について

特に注記がない場合、しょうゆは濃口しょうゆ、砂糖は上白糖、みそは信州みそを使用しています。

電子レンジの表記

電子レンジの加熱時間は特に注記がないときは500Wの場合を目安にしています。機種によって多少の差があるので様子を見ながら加減してください。

水溶き片栗粉について

水溶き片栗粉は特に注記のない場合、片栗粉の2倍の分量の水で溶いたものを指します。

「和のおかず」の基本とアレンジ

基本の作り方

材料（2人分）
鶏もも肉…1枚、サラダ油…適量
〈合わせだれ〉
作り方
①鶏もも肉は、皮目をフォークで刺して穴をあける。
②フライパンにサラダ油を熱し、鶏肉の皮を下にして入れ、強火で両面に焼き色をつけたら、中火にしてふたをし、5分ほど蒸し焼きにする。
③溶け出た脂をふき取り、〈合わせだれ〉を加えて煮からめる。
④切り分けて器に盛る。

たまりしょうゆで仕上がりが美しく

たまりしょうゆは加熱すると赤みがかったきれいな色が出るので、照り焼きの仕上がりがぐっと美しくなる。ふつうのしょうゆは原料のほとんどが大豆。大豆由来のうま味が豊かなので少ない量でも深いコクが出て、塩分が抑えられるのも特徴。しょうゆ独特の香りが穏やかで、洋食にも使える。ふつうのしょうゆは大豆と小麦が同量の割合でつくられるが、たまりしょうゆは原料のほとんどが大豆。

〈合わせだれ〉

基本の照り焼き

鶏肉、白身魚など

材料
酒・みりん・しょうゆ…各大さじ1⅔
砂糖…大さじ1
作り方
材料をよく混ぜて基本の作り方③で加え、たれを煮詰めてからめる。

ピリ辛照り焼き

白身魚、鶏肉、赤身魚など

材料
酒・みりん…各大さじ1、豆板醤…小さじ½〜1
しょうゆ・砂糖…各大さじ½
作り方
材料をよく混ぜる。基本の作り方③で加え、汁けがほとんどなくなるまで煮詰める。

梅照り焼き

鶏肉など

材料
酒・みりん・しょうゆ・水…各大さじ1
砂糖…小さじ1、梅肉…大さじ½
作り方
材料をよく混ぜ合わせ、基本の作り方③で加える。

カレー照り焼き

白身魚、豚肉、鶏肉など

材料
酒・みりん…各大さじ3、しょうゆ…大さじ½
カレー粉…小さじ1
作り方
材料をよく混ぜ合わせ、基本の作り方③で加える。

ナンプラー照り焼き

白身魚、鶏肉、豚肉など

材料
酒・はちみつ・水…各大さじ1
ナンプラー…大さじ1½、レモン汁…大さじ2
赤とうがらしの小口切り…1本分
作り方
材料をよく混ぜ合わせ、基本の作り方③で加える。

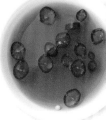

〈合わせだれ〉

基本のホイル焼き

白身魚など

材料
しょうゆ・バター…各大さじ1
白ワイン…大さじ2
作り方
しょうゆと白ワインを混ぜ合わせる。バターは基本の作り方②で野菜とときのこの上にのせる。

ごまみそ焼き

白身魚など

材料
みそ…大さじ2、砂糖…大さじ1
だし汁または水…小さじ2、白すりごま…小さじ1
塩・サラダ油…各少量
作り方
材料をよく混ぜ合わせ、基本の作り方②で加える。

レモン塩焼き

鶏肉など

材料
ねぎのみじん切り…大さじ1、レモン汁…大さじ½
にんにくのすりおろし・ごま油…各小さじ½
塩…小さじ1、粗びき黒こしょう…適量
作り方
材料をよく混ぜる。基本の作り方①で塩の代わりにまぶしつけ、ホイルに包んで焼く。

〈つけだれ〉

梅だれ

白身魚、魚介類など

材料
梅肉…1個分、だし汁…⅓カップ
しょうゆ・酢…各小さじ1
水溶き片栗粉…小さじ2（片栗粉1：水1）
作り方
梅肉を小鍋に入れ、だし汁、しょうゆ、酢を加えてよく混ぜ合わせる。弱火にかけ、沸騰してきたら水溶き片栗粉を入れ、とろみがついたら火を止め、基本の作り方③で添える。

レモンしょうゆだれ

鶏肉、白身魚など

材料
だし汁・レモン汁…各小さじ2、しょうゆ…小さじ1
作り方
材料をよく混ぜ合わせ、基本の作り方③で添える。

基本の作り方

材料（2人分）
えび…2尾
はまぐり…2個
ほたて貝柱…2個
しめじ…⅛パック（15g）
いか…1ぱい

にんにく…2かけ
塩・こしょう…各適量
サラダ油…適量
〈合わせだれ〉
〈つけだれ〉

作り方
①えびは軽く洗って水けをきり、塩をふる。いかは、食べやすい大きさに切り、塩をふる。ほたて貝柱にも塩をふる。しめじは石づきを取る。はまぐりは砂をはかせ、よく洗う。
②アルミホイルの中央にサラダ油を塗り、具材をのせる。〈合わせだれ〉、こしょうをふって包む。
③200℃に予熱したオーブンで10〜15分くらい焼き、〈つけだれ〉を添える。

定番おつまみメニューを
いろいろな
ソースで楽しんで

基本の作り方

材料（2人分）
鶏もも肉…1枚
にんにくのすりおろし…¼かけ分
水…大さじ1⅓
バター…小さじ1
サラダ油…少量
〈ソース〉

作り方
①鶏もも肉は食べやすい大きさに切ってボウルに入れ、にんにくのすりおろし、水、室温に戻したバターを加えてもみ込み、15分以上おく。
②竹串に鶏肉を3切れずつ刺し、皮目にサラダ油を塗って、強火のグリルで皮目がパリッとするまで焼く。
③器に盛り、好みでくし形に切ったレモンと〈ソース〉を添える。

つくねの作り方

材料（2人分）
鶏ひき肉…200g
ねぎのみじん切り…¼本分
しょうがのみじん切り…小さじ1
小麦粉…大さじ½
塩…少量
サラダ油…小さじ1
〈合わせだれ〉

作り方
①鶏ひき肉にねぎのみじん切り、しょうがのみじん切り、小麦粉、塩を加えて混ぜ、12等分に丸め中央をへこませる。
②フライパンにサラダ油を熱し、丸めたひき肉を並べ入れ、中火で2分ほど焼いてほぼ火を通したら裏返し、さらに2分ほど焼いたら〈合わせだれ〉を加え、からめながらたれを煮詰める。

〈合わせだれ〉

鶏つくねのたれ

鶏肉、豚肉など

材料
しょうゆ・みりん…各大さじ4
砂糖…大さじ1
作り方
鍋に材料を入れ火にかけ、煮立ったら弱火で10分ほど煮詰める。
使い方はつくねの作り方を参照。

〈ソース〉

ピリ辛みそソース

鶏肉、豚肉など

材料
みそ…大さじ1、酢…大さじ½
豆板醤・砂糖…各小さじ½
塩…少量、サラダ油…小さじ1
作り方
材料をよく混ぜ合わせる。

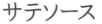

サテソース

鶏肉、豚肉、根菜など

材料
ピーナッツバター（無糖）・ココナッツミルク
…各大さじ1、白すりごま・中濃ソース
…各大さじ½、しょうゆ・きび砂糖・
レモン汁…各小さじ¼、にんにく・
しょうがのすりおろし…各¼かけ分
塩…少量、赤とうがらし…1本
作り方
赤とうがらしは水に漬けて戻し、へたと種を取ってみじん切りにする。ボウルに材料を入れてよく混ぜ合わせる。

マヨネーズソース

牛肉、鶏肉、魚介類など

材料
マヨネーズ…大さじ2
プレーンヨーグルト…大さじ1
にんにくのすりおろし・塩・こしょう
…各適量
作り方
材料をよく混ぜ合わせる。

ピリ辛ソース

牛肉、鶏肉など

材料
酢…大さじ2、砂糖…小さじ2
しょうゆ・豆板醤…各小さじ1
ごま油…小さじ½
にんにくのすりおろし…適量
作り方
材料をよく混ぜ合わせる。

〈合わせだれ〉

基本の肉野菜炒め

材料
酒…大さじ½、しょうゆ…小さじ1
塩…小さじ¼、こしょう…少量

作り方
材料をよく混ぜ合わせ、基本の作り方③で炒めた
肉、野菜に加えて炒め合わせる。

みそ炒め

材料
みそ…大さじ1½、酒…大さじ½
みりん…小さじ2½、砂糖…小さじ1⅓
しょうゆ…小さじ1

作り方
材料をよく混ぜ合わせ、基本の作り方③で炒めた
肉、野菜に加えて炒め合わせる。

チリソース炒め

材料
ねぎのみじん切り…½本分、
しょうがのみじん切り…小さじ½
豆板醤…小さじ⅔、サラダ油…小さじ⅔
トマトケチャップ…大さじ1⅔
酒・酢…各大さじ½、砂糖…小さじ1、塩…少量
鶏ガラスープの素…小さじ¼、湯…¼カップ

作り方
材料をよく混ぜ合わせ、基本の作り方③で炒めた
肉、野菜に加えて炒め合わせる。

カレーしょうゆ炒め

材料
カレー粉…大さじ½〜1、酒…大さじ2
砂糖…小さじ1、しょうゆ…大さじ1½

作り方
材料をよく混ぜ合わせ、基本の作り方③で炒めた
肉、野菜に加えて炒め合わせる。

オイスターソース炒め

材料
オイスターソース・酒…各大さじ1、砂糖…小さじ1
塩…小さじ½、こしょう…少量

作り方
材料をよく混ぜ合わせ、基本の作り方③で炒めた
肉、野菜に加えて炒め合わせる。

肉野菜炒め

基本の作り方

材料（2人分）

キャベツ…2〜3枚	豚こま切れ肉…100g
にんじん…¼本	オイスターソース…小さじ½
ピーマン…2個	塩・こしょう…各少量
玉ねぎ…½個	サラダ油…大さじ1
もやし…½袋	〈合わせだれ〉

作り方
①キャベツはざく切りに、にんじんは食べやすい大きさに、ピーマンは種とへたを取り縦4等分に切る。玉ねぎは薄切りにし、もやしはひげ根を除く。
②豚こま切れ肉はオイスターソースと塩、こしょうをまぶしておく。
③フライパンにサラダ油大さじ1/2を熱し、②の豚肉を入れ、色が変わったら取り出しておく。サラダ油大さじ½を足し、①の野菜を炒めたら豚肉を戻し入れ、〈合わせだれ〉を入れ全体をよく炒め合わせる。

こしょうは
どう使い分ける？
粗びきこしょうは強い香りとぴりっとした刺激、細びきはなじみのよさが特徴。白こしょうは香りが上品なため淡泊な料理に使える。黒こしょうはその独特な風味が肉の臭みをやわらげるが、特徴を知って自分好みに使いこなして。どれも料理全般に使え

肉じゃが

基本の作り方

材料（4人分）
じゃがいも…小4個
にんじん…1本
玉ねぎ…2個
牛薄切り肉…200g
いんげん…80g
サラダ油…少量
〈煮汁〉

作り方
①じゃがいもは食べやすい大きさに、にんじんは乱切り、玉ねぎはくし形切りにする。いんげんはさっとゆでて3等分にする。
②鍋にサラダ油を熱し、にんじん、じゃがいも、玉ねぎを軽く炒める。
③牛肉を加え、肉の色が変わったら〈煮汁〉を加え、煮立ったらアクを取り、落としぶたをして中火で10～15分ほど煮る。
④器に盛り、いんげんを添える。

〈煮汁〉

基本の肉じゃが

材料
みりん・酒…各大さじ1½
砂糖・しょうゆ…各大さじ2、だし汁…1½カップ
作り方
材料を混ぜ合わせ、基本の作り方③で加える。

韓国風肉じゃが

材料
A［にんにくのみじん切り…小さじ2
　しょうがのみじん切り…小さじ2］
B［しょうゆ…大さじ3、酒・砂糖…各大さじ1
　煮干しだし汁…2½カップ
　コチュジャン…大さじ2］
C［白すりごま…大さじ2、ごま油…大さじ1］
作り方
Aは基本の作り方②で具材を炒める前に、香りが出るまでサラダ油で炒める。Bは材料を混ぜ合わせ、基本の作り方③で加える。落としぶたをし、中火で煮た後、最後にCを加えてざっと混ぜる。

塩肉じゃが

材料
にんにく…2かけ、酒・みりん・砂糖…各小さじ2
だし汁…1½カップ
塩…小さじ⅔、粗びき黒こしょう…少量
作り方
基本の作り方②でにんにくを弱火で熱し、うっすらと色づいたら取り出す。材料を混ぜ合わせ、基本の作り方③で入れる。

しょうが焼き

基本の作り方

材料（2人分）
豚ロース肉（しょうが焼き用）…200g
小麦粉…適量
サラダ油…大さじ½
〈合わせだれ〉
作り方
①豚肉は小麦粉を薄くまぶしておく。
②フライパンにサラダ油を熱し、重ならないようにして強火で両面焼き、〈合わせだれ〉を加え、豚肉をひっくり返しながらたれを煮詰め、全体にからめる。

〈合わせだれ〉

基本のしょうが焼き

材料
酒・しょうゆ…各大さじ1½
みりん…大さじ1
しょうがのすりおろし…½かけ分
作り方
材料をよく混ぜ合わせ、基本の作り方②で加える。

みそしょうが焼き

材料
酒・みりん・みそ…各大さじ1
砂糖…小さじ½
しょうがのすりおろし…½かけ分
作り方
材料をよく混ぜ合わせ、基本の作り方②で加える。

すりおろし玉ねぎの
しょうが焼き

材料
酒・みりん・しょうゆ・
玉ねぎのすりおろし…各大さじ2
しょうがのすりおろし・はちみつ…各大さじ1
作り方
基本の作り方①で肉に小麦粉をまぶさず、バットに〈合わせだれ〉を入れて肉を5分ほど漬けて焼く。バットに残った汁を焼いた豚肉に煮からめる。

手羽先

チキン南蛮

手羽先

基本の作り方

材料（2人分）
鶏手羽先…8本
酒…大さじ2
塩・こしょう…各少量
小麦粉・揚げ油…各適量
〈合わせだれ〉

作り方
①手羽先は身と骨の間に切り目を入れ、酒、塩、こしょうをふって5分おく。
②①に小麦粉をまぶして、揚げ油で色づくまで揚げ、熱いうちに〈合わせだれ〉にからめる。

〈合わせだれ〉
基本の甘辛手羽先

材料
しょうゆ・酢…各大さじ2
はちみつ…大さじ1
ガーリックパウダー・こしょう
　…各小さじ½

作り方
材料をよく混ぜ合わせ、基本の作り方②で手羽先をからめる。

ヤンニョムチキン

材料
砂糖…大さじ½
しょうゆ…小さじ1
コチュジャン…大さじ1½
ごま油…大さじ1

作り方
材料を混ぜ合わせ、ラップをせずに電子レンジ（500W）で50秒ほど加熱し、基本の作り方②で手羽先をからめる。

チキン南蛮

基本の作り方

材料（2人分）
鶏もも肉…1枚
塩・こしょう…各少量
小麦粉…少量
溶き卵…1個分
揚げ油…適量
〈合わせだれ〉
〈ソース〉

作り方
①鶏肉は厚みが半分になるように切り開き、ひと口大に切る。
②塩、こしょうをふり、小麦粉をまぶして溶き卵にくぐらせる。
③揚げ油を160℃に熱し、②を入れて3〜4分揚げ、油をきって〈合わせだれ〉にくぐらせ、器に盛りつけて〈ソース〉をかける。

〈合わせだれ〉
基本の甘酢だれ

材料
酢・みりん…各大さじ1⅔
しょうゆ…小さじ2½、砂糖…大さじ1
トマトケチャップ・ウスターソース
　…各小さじ1
レモン汁・塩・こしょう…各少量

作り方
鍋にたれの材料を入れて煮立て、揚げたての肉をくぐらせる。

〈ソース〉
基本のタルタルソース

材料
ゆで卵の粗みじん切り…½個分
パセリのみじん切り…少量
ピクルスのみじん切り…2本分
玉ねぎのみじん切り…大さじ1
マヨネーズ…大さじ2、牛乳…大さじ1
粒マスタード・白ワイン…各小さじ1
塩・こしょう…各少量

作り方
材料をよく混ぜ合わせ、チキン南蛮にかける。

から揚げ

下味とたれの組み合わせで
バリエーションがぐんと広がる

基本の作り方

材料（2人分）
鶏もも肉…1枚　　小麦粉…適量
〈もみだれ〉　　揚げ油…適量
　　　　　　　　〈合わせだれ〉

作り方
①鶏肉をひと口大に切り、〈もみ
だれ〉をもみ込む。
②①に小麦粉をまぶし、170℃
に熱した揚げ油でカラリと揚
げる。好みで〈合わせだれ〉を
からめていただく。

から揚げには若鶏？

から揚げというと『若鶏の
から揚げ』というイメージ
があるが、どうして若鶏な
のだろう？　若鶏は筋繊維
が細かくやわらかなため、
味がしみ込みやすいためだ。
親鳥は肉質がしっかりして
いて味わい深いがから揚げ
には不向き。おいしいから
揚げはジューシーな食感と
下味が決め手となる。

〈もみだれ〉

基本の下味

材料
しょうがのすりおろし…小さじ2
しょうゆ…大さじ1½
酒…小さじ1
作り方
材料を混ぜ合わせ、もみ込む。

オイスター
ソースの下味

材料
オイスターソース…大さじ½
溶き卵…½個分
にんにくのすりおろし…小さじ½
こしょう…少量
作り方
材料をすべて加え、もみ込む。

ナンプラーの
下味

材料
酒・ナンプラー…各大さじ1
にんにくのすりおろし…小さじ½
しょうがのすりおろし…大さじ1
作り方
材料を加え、もみ込む。

〈合わせだれ〉

梅だれ

材料
A［梅干し…3個、だし汁…1カップ
しょうゆ・酢…各大さじ1］
水溶き片栗粉…大さじ1
作り方
Aを混ぜ合わせ、小鍋に入れて煮る。
沸騰してきたら水溶き片栗粉を加
え、とろみをつける。

薬味ポン酢だれ

材料
塩…小さじ½、こしょう…少量
A［ポン酢しょうゆ（市販品）…大さじ4
小ねぎの小口切り…½束分
みょうがの粗みじん切り…2個分
しょうがの粗みじん切り…½かけ分］
作り方
塩、こしょうで肉に下味をつける。A
の材料は混ぜ合わせる。

天ぷら

揚げたてを
自家製天つゆでいただければ
おいしさもひとしお

〈天つゆ〉
基本の天つゆ
魚介類、野菜など

材料
だし汁…³⁄₅カップ
しょうゆ…大さじ1
薄口しょうゆ…小さじ2
みりん…大さじ1½

作り方
鍋にみりんを入れて、ひと煮立ちさ
せる。みりんが沸いたら残りの材料
を加えて、ひと煮立ちさせる。

しょうがじょうゆ
野菜など

材料
だし汁…½カップ、みりん…大さじ2
しょうゆ…大さじ2
しょうが汁…大さじ1

作り方
だし汁と調味料を合わせて、ひと煮立
ちさせ、しょうが汁を加える。

〈つけ塩〉
抹茶塩
野菜など

材料
抹茶、塩…各適量
（抹茶と塩は3対2くらいの割合）

作り方
材料を混ぜる。

カレー塩
魚介類など

材料
カレー粉、塩…各適量
（カレー粉と塩は3対2くらいの割合）

作り方
材料を混ぜる。

基本の作り方

材料（2人分）
好みの野菜…適量
溶き卵…大さじ1
冷水…½カップ
小麦粉…⅛カップ
揚げ油…適量
〈天つゆ〉
〈つけ塩〉

作り方
①野菜は水けをよくきり小麦粉少量（分量
外）をまぶす。
②ボウルに溶き卵、冷水を合わせ、小麦粉
を加えて菜箸でさっくりと混ぜて衣を作
る。野菜に〈衣〉をつけ、160℃に熱した
揚げ油に入れて、3〜4分じっくり揚げる。
〈天つゆ〉〈つけ塩〉をつけながらいただく。

〈衣〉
しょうが風味の衣

材料
小麦粉…½カップ、片栗粉…大さじ1
しょうゆ…大さじ½
しょうがのすりおろし…小さじ1
水…大さじ4〜5

作り方
材料を混ぜ合わせて、衣として使う。

カレー風味の衣

材料
小麦粉・水…各¼カップ
片栗粉…大さじ½
カレー粉…小さじ1

作り方
材料をすべて混ぜ合わせて衣として使う。

天ぷらには海の塩

岩塩に比べミネラルが豊富で、丸みのある味わいはつけ塩として最適。細かい粒子のものを使えばさらにまろやかに。沖縄の雪塩はミネラル含有量世界一（ギネス認定）でパウダー状の、天ぷらにぴったりの塩。

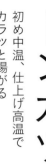

基本の作り方

材料（2人分）
豚ロース肉（トンカツ用）…2枚
塩・こしょう・揚げ油…各適量
小麦粉・溶き卵・パン粉…各適量
〈かけだれ〉

作り方
①豚肉は筋を切り、軽くたたいてから形を整えて塩、こしょうをする。
②小麦粉、溶き卵、パン粉の順に衣をつける。
③170℃に熱した揚げ油に入れ、5〜6分揚げる。
④食べやすく切り分け、器に盛り、〈かけだれ〉をかける。

八丁みそ

愛知の名産で、米麹や麦麹を用いずに大豆のみからつくられるみそ。塩辛いというイメージを持たれがちだが塩分は比較的少なく、独特の渋みとうま味が特徴。軽く煮立てることでいっそう風味が立つ。他のみそと合わせてもなじみがよく、特に西京みそと合わせたものはさくらみそと呼ばれ、幅広い料理に使われる。

〈かけだれ〉

ポン酢しょうゆ

材料
ゆずやかぼすなどの柑橘類のしぼり汁
　…¼カップ、みりん…¼カップ
昆布…10cm、しょうゆ…大さじ5
薄口しょうゆ…大さじ1⅔
作り方
耐熱ボウルにみりんを入れ、電子レンジ（500W）で約3分加熱し冷ます。昆布はさっとふく。みりんにしょうゆと薄口しょうゆを加えて混ぜる。柑橘類のしぼり汁を加えて混ぜ、昆布を入れて完成。トンカツにかける。

みそカツソース

材料
八丁みそ…大さじ6、砂糖…大さじ2
だし汁…大さじ6、酒…大さじ2
作り方
小鍋に材料を合わせ、弱火でかき混ぜながら煮立てる。トンカツにかける。

甘辛ソース

材料
A［みりん…大さじ2⅓、しょうゆ…大さじ1½］
コーンスターチ…大さじ½
作り方
小鍋にAを合わせて煮立て、コーンスターチでとろみをつける。トンカツにかける。

カクテルソース

材料
ウスターソース…小さじ1
トマトピューレ…大さじ1½
しょうゆ…大さじ½、白ワイン…大さじ1
作り方
材料を混ぜ合わせ、電子レンジ（500W）で約1分加熱する。トンカツにかける。

しょうがソース

材料
A［しょうゆ・砂糖…各大さじ1½、酒…¼カップ］
しょうがのせん切り…適量
作り方
Aを合わせひと煮立ちさせ、しょうがのせん切りを加える。トンカツにかける。

簡単ソース

コロッケ・メンチカツなど

材料
ウスターソース・赤ワイン・トマトケチャップ
　…各大さじ2

作り方
鍋に材料を入れてよく混ぜ合わせ、ひと煮
立ちさせる。

チーズタルタルソース

フリッターなど

材料
かたゆで卵のみじん切り…1個分
カッテージチーズ…50g、マヨネーズ…大さじ4

作り方
材料をざっと混ぜ合わせる。

カスタードソース

フリッターなど

材料
水…½カップ、レモン汁…大さじ2強
砂糖…大さじ3
カスタードパウダー…小さじ½、塩…少量

作り方
鍋に材料を入れてよく混ぜ合わせ、ひと煮
立ちさせる。

トマトソース

コロッケ・メンチカツなど

材料
トマト水煮（缶詰）…1缶（400g）
玉ねぎのみじん切り…¼個分
ローリエ…小1枚、にんにく…1かけ
オリーブ油…大さじ2、A［塩…小さじ⅓
こしょう…適量、砂糖…小さじ½］

作り方
オリーブ油に、にんにく、ローリエを入れ、
油に香りが移ったら玉ねぎを加えてやや強
火で炒める。しっとりしてきたら中火でさら
に炒め、トマト水煮をつぶしながら加える。
Aを加え、にんにくを取り出し煮詰める。

ヨーグルトソース

コロッケ・メンチカツなど

材料
ヨーグルト…大さじ4
サワークリーム・トマトケチャップ…各大さじ1
ウスターソース・塩・こしょう…各少量

作り方
耐熱容器に材料を入れ、電子レンジ（500W）で
1分ほど加熱する。塩、こしょうで味を調える。

サワークリームソース

フリッターなど

材料
サワークリーム…⅓カップ
玉ねぎのすりおろし…大さじ⅓
小ねぎの小口切り…大さじ1
塩・こしょう…各少量

作り方
サワークリームは室温でやわらかくし、ほ
かの材料とよく混ぜ合わせる。

中華風ソース

フリッターなど

材料
ねぎのみじん切り…½本分
しょうがのみじん切り・にんにくのみじん切り
　…各½かけ分、砂糖…大さじ1½
酒・酢・トマトケチャップ…各大さじ1
豆板醤・ごま油…各大さじ½、ラー油…少量

作り方
ねぎ、しょうが、にんにくは、サラダ油適量
（分量外）で香りが出るまで炒める。ほか
の材料をよく混ぜ合わせ、炒めたねぎ、しょ
うが、にんにくと混ぜ合わせる。

和風梅ソース

フリッターなど

材料
梅肉…大2個分
めんつゆ（2倍濃縮タイプ）…大さじ3
酢・サラダ油…各大さじ1

作り方
材料をよく混ぜ合わせる。

ゆで豚

"弱火でゆっくり"が
やわらかく仕上げるコツ

基本の作り方

材料(4人分)
豚バラかたまり肉…500g
A[水…5カップ、酒¼カップ、塩…ひとつまみ
　　しょうがの薄切り…2〜3枚
　　ねぎの青い部分…1〜2本]
好みの野菜
〈かけだれ〉
作り方
①鍋に豚バラかたまり肉とAを入れて火にかけ、沸騰してきたらアクを取って中火にし、40分〜50分ゆでる。火を止め、粗熱が取れるまでゆで汁に入れたまま冷ます。
②ゆで豚を5mm厚さくらいに切り、野菜を添えて盛りつける。
③混ぜ合わせた〈かけだれ〉をかける。

中華スパイスで
ひと味変えて
クローブや八角は薬膳でも使われる生薬のひとつ。クローブは豚肉の臭みを消す効果もある。クローブは豚肉に十字の切り込みを入れて差し込めば、香りをより強く楽しめる。どちらも食べる前に取り除いて。

〈かけだれ〉

オニオンだれ

材料
玉ねぎのすりおろし…1個分
しょうゆ・みりん…各大さじ4
酒…大さじ2、水…½カップ
作り方
材料を混ぜ合わせて鍋に入れ、混ぜながら煮立たせる。基本の作り方③でゆで豚にかける。

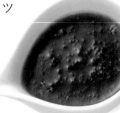

トマト香味だれ

材料
トマトの5〜6mm角切り…小1個分(約300g)
玉ねぎのみじん切り…1/4個分(約40g)
パセリのみじん切り…大さじ2
酢・粒マスタード…各大さじ1、塩…小さじ½
こしょう…少量、オリーブ油…大さじ3
作り方
材料を混ぜ合わせる。基本の作り方③でゆで豚にかける。

オイスターだれ

材料
しょうゆ…大さじ½
オイスターソース…大さじ2、砂糖…大さじ1
作り方
材料を混ぜ合わせる。基本の作り方③でゆで豚にかける。

グリーンだれ

材料
オリーブ油…大さじ2、レモン汁…大さじ1½
きゅうりのピクルス…1本
パセリ・玉ねぎ…各大さじ1
ケイパー…大さじ½、にんにく…小さじ½
アンチョビ…1本、塩…小さじ¼
こしょう…少量、ウスターソース…小さじ¼
作り方
ピクルス、パセリ、玉ねぎ、ケイパー、にんにく、アンチョビは粗みじん切りにし、材料を混ぜ合わせる。基本の作り方③でゆで豚にかける。

中華風だれ

材料
紹興酒・砂糖・粉がらし…各小さじ1
しょうゆ…大さじ1、酢…小さじ2
白ごま…小さじ2、ねぎの粗みじん切り…小さじ2
しょうがのみじん切り…小さじ1
作り方
材料を混ぜ合わせる。基本の作り方③でゆで豚にかける。

筑前煮

基本の作り方

材料（2人分）

鶏もも肉…½枚　　　さといも…4個
ごぼう…¼本　　　　サラダ油…少量
れんこん…小1節　　〈煮汁〉
干ししいたけ…2枚　絹さや…6枚
にんじん…¼本
ゆでたけのこ…80g

作り方
① 鍋にサラダ油を熱し、ひと口大に切った鶏もも肉、斜め切りにしたごぼう、ひと口大に切ったれんこん、水で戻して半分に切った干ししいたけ、乱切りにしたにんじん、いちょう切りにしたゆでたけのこ、乱切りにしたさといもを炒める。
②〈煮汁〉を加えてアクを取り、落としぶたをして30分ほど煮込む。
③ 塩ゆでして斜め半分に切った絹さやを加える。

〈煮汁〉

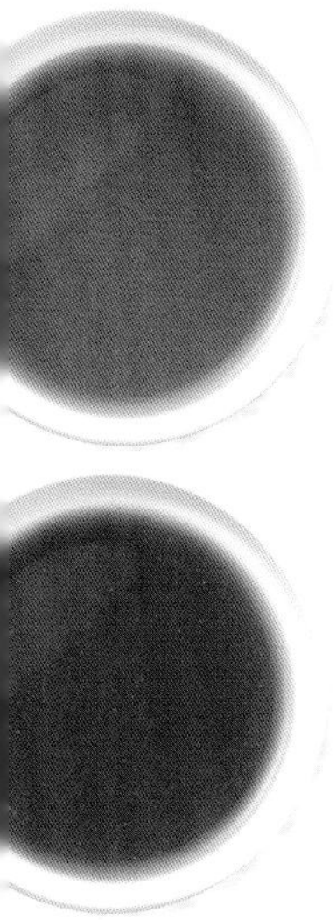

基本の筑前煮

材料
酒…大さじ1⅔、みりん…大さじ1
砂糖…大さじ2
しょうゆ…大さじ2½
煮干しだし汁…¾カップ
干ししいたけの戻し汁…大さじ1⅔
作り方
材料を混ぜ合わせ、基本の作り方②で入れる。

カレー筑前煮

材料
酒・みりん…各大さじ2
しょうゆ…大さじ1、だし汁…1カップ
カレー粉…小さじ1
作り方
材料を混ぜ合わせ、基本の作り方②で入れる。

煮豚

基本の作り方

材料（4人分）
豚バラかたまり肉…600g
おから…適量
〈煮汁〉
〈仕上げ〉
小ねぎの小口切り…適量
作り方
① フライパンに豚肉の脂身を下にして焼き、溶け出た脂をふき取りながら全面を焼きつけ、取り出して熱湯にくぐらせる。
② 鍋に①とおからを入れ、水をひたひたに注ぎ、落としぶたをして強火にかけ、ひと煮立ちしたら弱火にして1時間〜1時間30分ほど煮る。豚肉がやわらかくなったら取り出し、4〜5cm厚さに切る。
③ 鍋に②と〈煮汁〉を入れて中火にかけ、25分ほど煮る。〈仕上げ〉の材料を加え、さらに落としぶたをして5〜10分煮る。小ねぎを散らす。

〈煮汁〉〈仕上げ〉

角煮

材料
煮汁 [酒・みりん…各⅗カップ
　　　砂糖・しょうゆ…各大さじ2
　　　水…2カップ強]
仕上げ [しょうゆ…大さじ1
　　　　しょうがの薄切り…4〜5枚]
作り方
基本の作り方③で〈煮汁〉の材料を鍋に入れて中火にかける。最後に〈仕上げ〉の材料を加える。

ラフテー

材料
煮汁 [だし汁…2〜3カップ
　　　泡盛…⅗カップ
　　　黒砂糖…大さじ4]
仕上げ [しょうゆ…½カップ]
作り方
基本の作り方③で、〈煮汁〉のだし汁と泡盛を加えて火にかけ、煮立ったら黒砂糖を加えてふたをし、弱火で20分ほど煮る。〈仕上げ〉のしょうゆを3回に分けて、10分ごとに加えて計20分ほど煮込む。

南蛮漬け

基本の作り方

材料（2人分）
小あじ…8尾
塩・こしょう
　…各適量
小麦粉…適量
〈漬け込みだれ〉
にんじん…⅓本
三つ葉…¼束
揚げ油…適量

作り方
①小あじは両面のぜいごとえら、内臓を取り除き、水洗いして水けをしっかりふき取り、塩、こしょうをふる。ポリ袋に小麦粉を入れ、小あじを入れて袋の中で粉を全体にまぶす。
②揚げ油を170〜180℃に熱し、小あじを4〜5分揚げる。油をきり、すぐに〈漬け込みだれ〉に入れて、せん切りにしたにんじんを加え、10〜15分漬け込む。1cm長さに切った三つ葉を加え、味がなじんだら器に盛る。

〈漬け込みだれ〉

基本の南蛮だれ
鶏肉、青背魚など

材料
酢…大さじ2、だし汁（または水）…大さじ2
しょうゆ…大さじ1½
砂糖…大さじ1、赤とうがらし…½本
作り方
ボウルに材料を混ぜ合わせる。基本の作り方②で、揚げた食材を漬ける。

香味野菜のさっぱり南蛮だれ
豚肉、鶏肉、果菜類など

材料
ねぎのみじん切り…大さじ1、にんにくのみじん切り・しょうがのみじん切り…各1かけ分
酢・しょうゆ・水…各大さじ2、砂糖…大さじ1
ごま油…小さじ1
作り方
ボウルに材料を混ぜ合わせる。基本の作り方②で、揚げた食材を漬ける。

イタリアン南蛮だれ
青背魚、白身魚など

材料
にんにく…1かけ、オリーブ油・白ワイン…各大さじ5
酢…¼カップ、砂糖・塩…各小さじ1
作り方
にんにくは木べらなどでつぶし、残りの材料と混ぜ合わせる。基本の作り方②で揚げた食材を漬ける。

煮魚

基本の作り方

材料（2人分）
きんめだい…2切れ
〈煮汁〉
だし汁（または水）
　…1½カップ
しょうがの薄切り…1かけ分

作り方
①鍋に〈煮汁〉とだし汁（または水）、しょうがを入れて火にかける。
②煮立ったら、切り目を入れて湯引きをしたきんめを加え、落としぶたをして時々煮汁をかけながら煮る。

〈煮汁〉

基本の煮魚　赤身魚など

材料
酒・砂糖…各大さじ2、しょうゆ…大さじ2強
作り方
鍋に材料を入れ、煮立てる。

みそ煮　青背魚など

材料
A［酒…大さじ1、塩…小さじ3
　　しょうがの薄切り…1かけ分］
B［砂糖…大さじ1½、みそ…大さじ3］
作り方
鍋にAの材料を入れ、煮立てる。
その後Bを加えてさらに煮る。

レモンバター煮　白身魚など

材料
A［白ワイン…¼カップ、塩…小さじ½］
バター…大さじ1⅔
レモン汁…大さじ2
作り方
フライパンにサラダ油適量（分量外）をひいて熱し、魚の切り身2切れを並べ入れる。両面をこんがり焼き色がつくまで2〜3分焼き、取り出す。Aをフライパンに入れ、ひと煮たちさせる。一度焼いた魚を戻し入れ、バターを加えてひと煮し、レモン汁をふって火を止める。

トマトジュース煮　青背魚など

材料
みりん…小さじ2、砂糖…小さじ1
　しょうゆ…大さじ2⅔、トマトジュース…¼カップ
作り方
鍋に材料を入れ、強火にかける。

焼き魚

〈かけだれ〉

ゆずこしょうおろし

赤身魚、白身魚など

材料
水けをきった大根おろし…1カップ
ゆずこしょう…小さじ1、酢…小さじ½
しょうゆ…小さじ⅓、オリーブ油…小さじ2
作り方
材料をよく混ぜ合わせる。焼き魚にかける。

香味だれ

青背魚、白身魚など

材料
ねぎのみじん切り…5cm分
しょうがのみじん切り…½かけ分
にんにくのみじん切り…½かけ分
酢・しょうゆ…各大さじ1
砂糖・ごま油…各小さじ1
作り方
材料をよく混ぜ合わせる。焼き魚にかける。

チリだれ

白身魚など

材料
酢…大さじ1½、砂糖…大さじ1
しょうゆ…大さじ½、豆板醤…小さじ1
トマトケチャップ…¼カップ
中華スープ…¼カップ、塩・こしょう…各少量
作り方
ボウルに砂糖、豆板醤、酢、しょうゆ、トマトケチャップを混ぜ合わせ、中華スープでのばし、塩、こしょうで味を調える。焼き魚にかける。

〈漬け床〉

西京焼きの漬け床

白身魚など

材料
白みそ…¾カップ、酒粕…¼カップ
酒・みりん…各大さじ1⅓
作り方
酒粕に、酒とみりんを加えて混ぜ合わせ、約1時間おく。白みそを少しずつ加えながらよく混ぜる。

〈合わせだれ〉

蒲焼きのたれ

白身魚、青背魚など

材料
しょうゆ…大さじ1½、みりん…大さじ1
酒・砂糖…各大さじ½
作り方
材料をよく混ぜ合わせる。

基本の作り方

材料（2人分）
たいの切り身…2切れ
塩…適量
〈かけだれ〉
作り方
①たいに塩をふり、5分ほどおいて水けをふく。
②魚焼き用のグリルや網で、皮目から強火で焼く。皮目においしそうな焼き色がついたら裏返して火を弱め、中まで火を通す。器に盛り、好みの〈かけだれ〉をかける。

さわらの西京焼きの作り方

材料（2人分）
さわら…2切れ
〈漬け床〉
作り方
①さわらは水けをしっかりとふき取り、〈漬け床〉に1晩〜1日ほど漬ける。
②漬け床をていねいに取り除き、魚焼きグリルで香ばしく焼く。

いわしの蒲焼きの作り方

材料（2人分）
いわし…3尾
小麦粉…適量
サラダ油…大さじ½
〈合わせだれ〉
作り方
①いわしは手開きにして長さを半分に切る。両面に小麦粉を薄くまぶし、フライパンにサラダ油を熱して、両面に焼き色がつくまで焼く。
②いわしを取り出し、キッチンペーパーでフライパンの油をふき取り、〈合わせだれ〉を入れて煮立て、いわしを戻してからめる。

かつおのたたき

基本の作り方
材料（2人分）
かつお…200〜300g
〈かけだれ〉
作り方
①かつおは皮から内側に少し入ったところに、金串を3本、末広になるように刺し、手元を束ねて直火にかざし、皮をあぶり焼く。焼き色がついたら上下を返し、身の表面が白っぽくなるまで焼く。
②すぐに氷水につけて金串を抜き取り、手早く冷まして水けをきる。
③②を1cm厚さに切り分けて、盛りつける。好みで刻んだみょうがなどを添え、〈かけだれ〉をかけて食べる。

〈かけだれ〉

ポン酢だれ
材料
しょうゆ…大さじ3、酢…大さじ2
オレンジのしぼり汁…大さじ1、ごま油…大さじ½
作り方
材料をよく混ぜ合わせる。

梅風味だれ
材料
梅干し…大1個、玉ねぎのすりおろし…大さじ½
酢・オリーブ油・水…各大さじ½
こしょう…少量、にんにくの薄切り…½かけ分
作り方
梅干しは種を取って包丁でたたく。
ボウルに材料を入れてよく混ぜ合わせる。

マスタード風味だれ
材料
粒マスタード…小さじ2、酢…大さじ1
しょうゆ…大さじ3、EXVオリーブ油…大さじ1
塩・こしょう…各少量
作り方
材料をよく混ぜ合わせる。

マヨしょうゆだれ
材料
マヨネーズ・しょうゆ…各大さじ1、練りわさび…小さじ1
作り方
材料をよく混ぜ合わせる。

あさりの酒蒸し

基本の作り方
材料（2人分）
あさり…250g
小ねぎの小口切り…½本分
〈合わせだれ〉
作り方
①あさりは砂抜きをして、水の中で殻をこすり合わせるようにして洗う。
②鍋またはフライパンにあさりを入れて〈合わせだれ〉をふり、ふたをして中火にかけ、蒸気が出て1分ほどしたら素早く全体を混ぜる。
③再びふたをし、あさりの殻が全部開いたら、小ねぎを加えてさっと混ぜて火を止める。

〈合わせだれ〉

基本のあさりの酒蒸し
はまぐりや白身魚の酒蒸しに
材料
しょうがの薄切り…½かけ分
酒…大さじ2
作り方
基本の作り方②で材料を入れ、蒸す。

あさりのだし蒸し
材料
酒…大さじ2、薄口しょうゆ…少量
だし汁…¼カップ
しょうがのせん切り…½かけ分
作り方
基本の作り方②で材料を入れ、蒸す。

あさりの香草バター蒸し
材料
バター…大さじ2、レモン汁…大さじ½
パセリ…大さじ1、塩・こしょう…各適量
白ワイン…大さじ2
作り方
基本の作り方②で材料を入れ、蒸す。

磯辺揚げ

基本の作り方
材料と作り方（2人分）
ちくわ小4本に〈衣〉を薄くつけ、170〜180℃の揚げ油（適量）で色よく揚げる。

〈衣〉
基本の磯辺揚げ衣

材料
冷水…大さじ2
天ぷら粉…大さじ2
青のり…大さじ½
作り方
材料をよく混ぜ合わせ、ちくわにからめて揚げる。

カレー風味の磯辺揚げ衣

材料
小麦粉…大さじ3
ベーキンパウダー…ひとつまみ
青のり…大さじ½
カレー粉…小さじ½〜1
冷水…大さじ2
作り方
材料をよく混ぜ合わせ、ちくわにからめて揚げる。

ぶり大根

基本の作り方
材料（2人分）　〈煮汁〉
大根…8cm　しょうがの細切り…適量
ぶり…2切れ　塩…少量

作り方
① 大根は2cm厚さの輪切りにして皮を厚めにむき、面取りする。大根がかぶるくらいの水を入れて火にかけ、煮立ったら火を弱めて竹串がスーッと通るまでゆで、水につけておく。
② ぶりは2〜3等分にし、塩をふって10分ほどおく。ざるにのせ熱湯をかけて冷水に取って洗う。
③ 鍋に〈煮汁〉の水とぶりを入れて火にかけ、煮立ったら〈煮汁〉の酒を加える。再び煮立ったら火を少し弱めてアクを取る。
④ 大根を加えて5分煮る。残りの〈煮汁〉の材料を加え、弱火にして落としぶたをし、30分ほど煮る。しょうがをのせる。

〈煮汁〉
基本のぶり大根

材料
酒・砂糖・みりん…各大さじ2
しょうゆ…大さじ2½
水…1½カップ
作り方
酒と水以外の材料を混ぜ合わせ、基本の作り方③、④で入れて煮立てる。

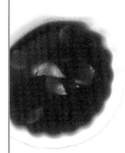

コチュジャン味のぶり大根

材料
酒…¼カップ、砂糖…大さじ½
しょうゆ…大さじ1
コチュジャン…大さじ1½
しょうがの薄切り…1かけ分
水…1½カップ
作り方
酒と水以外の材料を混ぜ合わせ、基本の作り方③、④で入れて煮立てる。

刺身

普通のしょうゆにひと工夫で
味もなじみも
グッとよくなります

刺身しょうゆ

刺身には、生じょうゆよりも合わせ
じょうゆを使うとおいしい。合わせ
じょうゆは生じょうゆよりもなじみ
がよく、塩けも穏やか。本来の香り
を損なうことなく刺身を味わえる。

合わせじょうゆの材料と作り方

材料

濃口しょうゆ…2カップ
酒、みりん…各¼カップ
かつお節…10g

作り方

① 鍋にしょうゆを入れて火にかける。
② 酒、みりんを加える。
③ 沸騰直前にかつお節を加え、すぐに火を止める。
④ アクが出ていたらていねいにすくい取る。
⑤ こし器などで静かにこし、そのまま冷ます。
（保存はガラスの保存びんなどに入れて冷蔵庫で。長くおくと風味も色も悪くなるので早めに使いきる）

土佐じょうゆ

材料（作りやすい分量）
しょうゆ…1カップ
だし汁…½カップ
酒…大さじ1⅓
作り方
小鍋に材料を合わせ、ひと煮立ちさせる。

しょうがじょうゆ

材料（作りやすい分量）
しょうゆ・だし汁…各¼カップ
しょうがのすりおろし…1〜2かけ分
あさつきの小口切り…適量
作り方
材料を混ぜ合わせる。

塩ポン酢

材料（作りやすい分量）
はちみつ…大さじ5
ゆずのしぼり汁…大さじ2⅔
レモン汁…¾カップ、砂糖…小さじ2
塩…大さじ2
作り方
材料をよく混ぜ合わせる。

この本で紹介するたれ・ソース・ドレッシングを作るのに必要となる基本の材料をご紹介。まずはこれさえそろえておけば、さまざまな味つけの料理に対応できるようになります。

油

ごま油

サラダ油

オリーブ油

たれ・ソース・ドレッシングのほか、炒めものや揚げものなどの調理にも使用する油類。サラダ油、ごま油、オリーブ油の3種類は用意しておきましょう。

基本調味料

酢

砂糖

塩

しょうゆ

みそ

いわゆる「さしすせそ」と呼ばれる砂糖、塩、酢、しょうゆ、みその5つが基本調味料。これさえあれば、基本的な味つけはだいたいカバーできます。たとえば砂糖なら白砂糖ときび砂糖、というように、それぞれ、好みによって数種類そろえておくと、さらに料理の幅が広がります。そのほか、甘みをつけるはちみつ、さわやかな酸味のレモン汁なども常備しておくと便利です。

粉

小麦粉

片栗粉

コーンスターチ

揚げものの衣にするほか、とろみをつけるのにも欠かせない粉類。溶けやすく、ムラなくまぶすことができるボトルタイプが便利です。

その他

ケチャップ

マヨネーズ

ケチャップ、マヨネーズ、めんつゆ、白だし、ウスターソース、中濃ソース、ポン酢しょうゆ、塩麹などの万能調味料も冷蔵庫に常備しておくと、味つけのバリエーションが広がります。こしょうやカレー粉などのスパイス類も用意しておきましょう。

香味野菜

にんにく

長ねぎ

しょうが

料理に香りや風味をつけてくれる香味野菜。にんにく、しょうが、長ねぎのほか、玉ねぎ、青じそやみょうが、パセリやセロリなどがあると、さまざまなたれ・ソース・ドレッシングに活用できます。

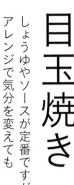

基本の作り方

材料（1人分）
卵…1個
作り方
①卵は常温に戻し、割って器に出しておく。
②フライパンに、サラダ油を中火で熱し、温まったら
　弱火にする。
③器の卵をフライパンにそっと流し込み、ゆっくりと3
　分から4分加熱し、黄身の周りの白身が固まったら
　出来上がり。かた焼きの場合はさらに3分ほど加熱
　する。好みで〈アレンジ〉のたれなどをかけていた
　だく。

トリュフ塩で贅沢気分

欧州では季節のきのことして人気の
高級食材で、世界三大珍味のひとつ
であるトリュフ。トリュフ塩は卵と
の相性抜群。輸入食材店などで手に
入る。サラダやフライドポテト、パス
タなどにも使える。ひとふりするだ
けで、いつもの目玉焼きが贅沢な一
品に早変わり。

〈アレンジ〉

からしマヨ

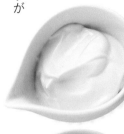

材料（作りやすい分量）
マヨネーズ…大さじ4、練りがらし…小さじ½
塩・こしょう…各少量
作り方
材料をよく混ぜ合わせる。

クミンレモン

材料（作りやすい分量）
クミンシード（ホール）…小さじ1、塩…大さじ3
すりおろしたレモンの皮…小さじ1
作り方
クミンシードをすり鉢でざっとすりつぶし、
ほかの材料とよく混ぜ合わせる。

ねぎだれ

材料（作りやすい分量）
小ねぎ…¼束、ナンプラー…大さじ3
酢・サラダ油…各大さじ4、砂糖…大さじ2
にんにくのみじん切り…1かけ分
赤とうがらしの輪切り…1本分
作り方
小ねぎは5mm幅に切り、耐熱ボウルに入れる。
フライパンにサラダ油を熱し、にんにくを入れ、
香りが立ったら油ごとねぎの入ったボウルに入
れ、残りの材料を加えてよく混ぜ合わせる。

七味塩

材料（作りやすい分量）
塩…大さじ3、七味とうがらし…小さじ½
作り方
塩はからいりしてから粉末状にすりつぶす。七
味とうがらしとよく混ぜ合わせる。

ピリ辛だれ

材料（作りやすい分量）
めんつゆ（ストレート）…¾カップ
ごま油…大さじ3、豆板醤…大さじ1½
作り方
材料をよく混ぜ合わせる。

茶碗蒸し

基本の作り方

材料（2人分）
鶏ささ身…1本
えび…2尾
酒…小さじ1
塩…少量
しいたけ…1枚
三つ葉…2本
ぎんなん…4粒
卵…1個
〈合わせだれ〉
〈あん〉

作り方
①ささ身は薄くそぎ切りにし、えびは尾を切り落として殻をむき、酒と塩で下味をつける。しいたけは薄切りにし、ぎんなんは殻をむき3分ほどゆでて薄皮をむく。三つ葉はざく切りにする。耐熱性の器に½量ずつ入れておく。
②卵はボウルに割り入れてよく溶き、〈合わせだれ〉を加えてよく混ぜ合わせ、目の細かいざるでこす。①に½量ずつ静かに注ぐ。
③蒸し器の湯が十分に沸騰したら②を入れ、ふきんでくるんだふたをして強火で1分、弱火で15分蒸す。好みで〈あん〉をかける。

〈合わせだれ〉

基本の茶碗蒸し

材料
酒…小さじ½、みりん…小さじ1、
だし汁…1½カップ
薄口しょうゆ…小さじ2、塩…少量
作り方
基本の作り方②で〈合わせだれ〉と溶き卵をよく混ぜ合わせ、ざるでこして器に流し込む。

中華茶碗蒸し

材料
みりん…小さじ1、薄口しょうゆ…小さじ½
中華風スープ…2カップ、塩・こしょう…各少量
作り方
基本の作り方②で〈合わせだれ〉と溶き卵をよく混ぜ合わせ、ざるでこして器に流し込む。

〈あん〉

あんかけ茶碗蒸し

材料
A［だし汁…½カップ
　　酒・薄口しょうゆ・おろししょうが…各少量］
水溶き片栗粉（片栗粉…小さじ½、水…小さじ1）
作り方
Aの材料を小鍋に熱し、煮立ったら水溶き片栗粉でとろみをつける。蒸し上がった茶碗蒸しにかける。

卵焼き

基本の作り方

材料（卵4個分）
卵…4個、サラダ油…適量
〈合わせだれ〉

作り方
①卵をボウルに割り入れて溶きほぐし、〈合わせだれ〉を加えてよく混ぜる。卵焼き器を中火で熱してサラダ油を薄く塗り、卵液の⅓量を流して広げ、縁に火が通ってきたら手前に寄せる。
②あいた向こう側にサラダ油を塗って卵を寄せ、手前にも油を塗って残りの卵液の半量を流し、手前に巻く。
③②の手順と同様に残りの卵液を流して焼く。

〈合わせだれ〉

定番のだし巻き卵

材料
だし汁…大さじ4
砂糖…大さじ⅓、塩…少量
しょうゆ…2〜3滴
作り方
材料をよく混ぜ合わせ、基本の作り方①で卵液に加える。

甘い卵焼き

材料
砂糖…大さじ3〜3½
塩…小さじ½、酒…大さじ3
作り方
材料をよく混ぜ合わせ、基本の作り方①で卵液に加える。

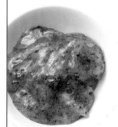

マヨたま焼き

材料
マヨネーズ・砂糖…各大さじ2
桜えび…大さじ1
青のり粉…小さじ½、塩…少量
作り方
材料をよく混ぜ合わせ、基本の作り方①で卵液に加える。

きんぴら

甘辛いたれを
たっぷりからめて。
お弁当のおかずにもぴったり

〈合わせだれ〉
〈炒め油〉

基本のきんぴら

材料
合わせだれ［しょうゆ・砂糖
　　…各大さじ1〜1½］
赤とうがらしの輪切り…½本
サラダ油…適量

作り方
〈合わせだれ〉はよく混ぜ合わせる。基本の
作り方参照。赤とうがらしは基本の作り方
②で野菜とともにサラダ油で炒める。

洋風きんぴら

材料
合わせだれ［バルサミコ酢…小さじ1
　　酒・しょうゆ…各大さじ1
　　トマトケチャップ…大さじ1½］
オリーブ油…適量

作り方
〈合わせだれ〉はよく混ぜ合わせる。基本の
作り方②で〈炒め油〉をオリーブ油にして具
材を炒め、火が通ったら、〈合わせだれ〉を加
えて炒め、塩、こしょう各少量（分量外）で味
を調える。好みでパセリを散らす。

中華風きんぴら

材料
合わせだれ［オイスターソース・酒・
　　しょうゆ…各大さじ1、砂糖…小さじ2
　　こしょう…少量］
ごま油…適量

作り方
〈合わせだれ〉はよく混ぜ合わせる。基本の作
り方②で〈炒め油〉をごま油にして炒め、火が
通ったら、〈合わせだれ〉を加えて炒める。

カレーきんぴら

材料
カレー粉…大さじ½
合わせだれ［酒・砂糖…各大さじ1
　　しょうゆ…大さじ1と½］
オリーブ油…適量

作り方
〈合わせだれ〉はよく混ぜ合わせる。基本の作り方②
で〈炒め油〉をオリーブ油にして具材をさっと炒め、
カレー粉を入れて1〜2分炒め、〈合わせだれ〉を加え
て炒める。仕上げにカレー粉（分量外）を少量ふる。

基本の作り方

材料（2人分）
ごぼう…½本
にんじん…½本
〈合わせだれ〉
〈炒め油〉

作り方
①ごぼうは皮をこそげてせん切りにし、水に放す。
　にんじんはせん切りにする。
②フライパンに〈炒め油〉を熱し、ごぼう、にんじ
　んを炒め、しんなりしてきたら〈合わせだれ〉を
　加えていり煮にする。器に盛り好みで白いりごま
　を散らす。

一味と七味

とうがらしを主として様々な香辛料を調合
した七味に対して、一味はとうがらしのみな
ので辛味が強い。七味はとうがらしのほか麻
の実、麻の実、みかんの皮、ごま、しそなどが
代表的。必ずしも7種類の香辛料を使って
いるわけではなく、それより多く調合されて
いる場合もある。京都のお土産として有名
な黒七味は、油がしみ出すまで手作業でもみ
込むことによって独特の濃い茶色となって
いる。

34

かぶら蒸し

基本の作り方

材料（2人分）

白身魚…2切れ	薄口しょうゆ…小さじ1
昆布…10cm	卵白…½個分
酒…適量	〈あん〉
塩…適量	大根おろし・しょうがのすりおろし
かぶ…200g〜250g	…各適量

作り方

① 昆布を敷いたバットに白身魚を並べる。酒をふり、軽く塩をふる。蒸し器で5分蒸す。

② かぶは皮を厚にむき、細かいおろし金でおろし、目の細かいざるで水けをよくきる。

③ ②のかぶに薄口しょうゆで味をつけ、卵白を混ぜる。

④ バットに③をのせ、強めの中火で6〜8分蒸す。①を器に盛り、かぶがふわっとしたら魚の上にのせる。

⑤ 〈あん〉を上にかけ、大根おろし、しょうがのすりおろしを上にのせる。

〈あん〉
基本のとろみあん

材料

みりん…小さじ1、濃口しょうゆ…小さじ2
だし汁…⅖カップ、ゆずの皮のせん切り…少量
水溶き片栗粉…小さじ½

作り方

材料を混ぜ合わせ、小鍋で煮る。

かにあん

材料

かに缶…40g
A［紹興酒または酒…大さじ1
　砂糖…小さじ¼、中華スープ…1½カップ
　塩…小さじ½、しょうが汁…小さじ½］
片栗粉…適量、卵白…1個分

作り方

Aの材料を小鍋に入れ、火にかけて煮立ってきたらほぐしたかにを入れる。ひと煮立ちしたら同量の水で溶いた片栗粉を入れてとろみをつけ、最後に溶きほぐした卵白を少しずつ加える。

煮びたし

基本の作り方

材料（4人分）

なす…4本

〈煮汁〉

小ねぎの小口切り・かつお節…各適量

作り方

① なすは皮をむいておく。

② 鍋に〈煮汁〉を煮立て、なすを入れて、なすがしんなりするまで中火で10〜15分煮る。

③ 火を止めて粗熱が取れたら器に盛り、小ねぎの小口切り、かつお節をかける。

〈煮汁〉
基本の煮びたし

野菜の煮びたしに

材料

煮汁［酒…大さじ2
　みりん・しょうゆ…各小さじ2
　だし汁…1½カップ
　塩…ひとつまみ］

作り方

材料を混ぜ合わせ、基本の作り方②で入れる。

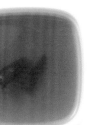

ピリ辛煮びたし

魚の煮びたしに

材料

煮汁［酒…大さじ2
　砂糖…大さじ1½
　しょうゆ…大さじ3
　だし汁…3カップ
　赤とうがらし…3本］

作り方

材料を混ぜ合わせ、基本の作り方②で入れる。

あえもの

和食の定番副菜
豊富なバリエーションで
野菜をおいしく

基本の作り方

材料（2人分）
オクラ…10本
〈あえ衣〉

作り方
① 鍋に湯を沸騰させ、オクラをさっとゆでる。
② オクラを斜め半分に切り、ボウルに入れて〈あえ衣〉であえる。

〈あえ衣〉

マヨ白あえ

魚介類、葉菜類など

材料
絹ごし豆腐…½丁
マヨネーズ…大さじ2
白すりごま…大さじ½
砂糖…小さじ½、塩…小さじ⅓
作り方
豆腐はキッチンペーパーに包んで水きりする。ボウルに材料を入れ、豆腐をくずしながら混ぜ合わせ、具材を加えてあえる。

ナムル

豆類など

材料
にんにくのすりおろし…小さじ¼
塩…小さじ¼、ごま油…小さじ½
砂糖…少量
作り方
具材を入れたボウルに調味料を加えてあえる。

酢ナムル

茎菜類など

材料
レモン汁…大さじ1、酢…大さじ3
塩…小さじ½、白いりごま…適量
作り方
具材を入れたボウルに調味料を加えてあえる。

マスタードナムル

茎菜類など

材料
白いりごま・粒マスタード・
　しょうゆ・ごま油…各小さじ1
作り方
具材を入れたボウルに調味料を加えてあえる。

基本のごまあえ

果菜類、葉菜類など

材料
白すりごま…大さじ2
砂糖・水…各大さじ1
しょうゆ…大さじ1½
作り方
ボウルに材料を順に入れて混ぜ合わせ、具材を加えてあえる。

ごまみそあえ

鶏肉、葉菜類など

材料
白すりごま…大さじ2
みそ…小さじ2、みりん…大さじ2
ごま油…小さじ1、ラー油…少量
作り方
ボウルに材料を順に入れて混ぜ合わせ、具材を加えてあえる。

ごまマヨあえ

葉菜類など

材料
白すりごま…大さじ2
マヨネーズ…大さじ1、しょうゆ…小さじ2
砂糖…小さじ1
作り方
ボウルに材料を入れ、よく混ぜ合わせ、具材を加えてあえる。

コチュジャンあえ

魚介類、豆類など

材料
コチュジャン…小さじ2
白すりごま・しょうゆ・ごま油…各小さじ1
作り方
ボウルに材料を入れて混ぜ合わせ、具材を加えてあえる。

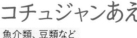

〈合わせだれ〉

基本のおひたし

果菜類など

材料
だし…1カップ
薄口しょうゆ・みりん…各大さじ2 2/3
塩…少量
作り方
小鍋に材料を入れてさっと煮立て、冷ましておく。好みの野菜などをあえる。

わさび酢おひたし

葉菜類など

材料
薄口しょうゆ…小さじ1、酢…大さじ2
みりん・練りわさび…各小さじ2
塩…小さじ1/3
作り方
ボウルに材料を混ぜ合わせ、好みの野菜などをあえる。

ごま酢おひたし

葉菜類など

材料
白すりごま…大さじ1
酢・みりん・しょうゆ…各小さじ1
作り方
ボウルに材料を混ぜ合わせ、好みの野菜などをあえる。

基本の作り方

材料（2人分）
ほうれん草…200g
塩…小さじ2
〈合わせだれ〉
作り方
①ほうれん草は根元の先端を切り落とし、太い茎は十字に切り込みを入れ、流水で中まできれいに洗う。たっぷりの熱湯に塩を加え（1ℓに対し小さじ2が目安）、ほうれん草を根元から入れていき、再沸騰したら1分ほどゆでる。
②ほうれん草を冷水に取って水けをしっかりしぼり、4〜5cm長さに切る。〈合わせだれ〉の1/3量でほうれん草をあえて器に盛り、残りの〈合わせだれ〉を上からかける。

酢

料理に酸味を加える以外に、防腐効果、脂っぽさを和らげる効果、コク・甘味を引き出す効果などの作用をもつ。さらに酢には、食材のカルシウムの吸収を助ける効果も期待できる。日本では米や麦、酒粕を原料にした酢が主流。世界でもそれぞれの国で特有の酢がつくられている。ぶどうからつくるワインビネガーやバルサミコ酢、大麦からつくるモルトビネガー、りんごからつくるアップルビネガーなどが有名。

米酢
米を原料にアルコール発酵させた酢。コクのあるまろやかな味で、和食に使われることが多い。

穀物酢
米や麦、コーンなどが原料に含まれる。すっきりした味わいで幅広い料理に使える酢。

黒酢
原料は米、麹、水。飲用にもしやすい。必須アミノ酸を多く含むため、健康食品としても人気。

りんご酢
りんごの果汁に酵母を加えてできたりんご酒に、酢酸菌を加えてさらに発酵させたもの。サラダやマリネに。

基本の作り方
材料（2〜3人分）
好みの野菜…150〜250g
〈漬け込みだれ〉
作り方
①好みの野菜を下ゆでして食べやすい大きさに切り、〈漬け込みだれ〉とともにジッパーつき保存袋などに入れ、1時間から1晩漬ける。
②好みの漬かり具合で取り出し、器に盛る。

韓国風漬け

葉菜類など

材料
白すりごま…小さじ2、水…大さじ4
ごま油・しょうゆ…各大さじ1⅓
作り方
材料をよく混ぜ合わせ、好みの野菜を漬ける。器に盛り、卵黄1個分をのせる。

ごまみそ漬け

葉菜類など

材料
白いりごま・桜えび…各大さじ1
めんつゆ（3倍濃縮）・みりん・みそ
　…各大さじ1½、水…¼カップ
作り方
フライパンで白いりごまと桜えびを香りが立つまでいり、ボウルに入れて粗熱が取れたらすりつぶす。残りの材料とよく混ぜ合わせ、好みの野菜を漬ける。

ポン酢マヨネーズ漬け

果菜類など

材料
白すりごま…大さじ½
ポン酢しょうゆ…大さじ1½
マヨネーズ…大さじ1
作り方
材料をよく混ぜ合わせ、好みの野菜を漬ける。

キムチ漬け

葉菜類など

材料
たらこ…1腹、りんごのすりおろし…1個分
にんにく・しょうがのすりおろし…各2かけ分
白いりごま…大さじ1½、粉とうがらし…50g
はちみつ…大さじ2½、塩…小さじ½
作り方
たらこは縦に1本切り目を入れて開き、スプーンで身をこそげる。ボウルに材料を入れて混ぜ合わせる。好みの野菜を漬ける。

〈漬け込みだれ〉

しょうがじょうゆ漬け

根菜など

材料
しょうがのせん切り…⅓かけ分
赤とうがらしの小口切り…½本分
水…⅓カップ、しょうゆ…¼カップ
ごま油…大さじ½、砂糖…小さじ⅔
作り方
材料をよく混ぜ合わせ、好みの野菜を漬ける。

スタミナ漬け

果菜類など

材料
にんにくのすりおろし…½かけ分
白いりごま・オリーブ油…各小さじ1
しょうゆ…大さじ1½
みりん…大さじ1、水…¼カップ
作り方
材料をよく混ぜ合わせ、好みの野菜を漬ける。

梅酢漬け

花菜類など

材料
梅干し…2個
しょうがのすりおろし…小さじ½
砂糖・しょうゆ・酢・水…各大さじ1
作り方
材料をよく混ぜ合わせ、好みの野菜を漬ける。器に盛り、かつお節適量を散らす。

ゆずこしょう漬け

葉菜類など

材料
ゆずこしょう…小さじ1、酢…½カップ
みりん…大さじ4
めんつゆ（3倍濃縮）…大さじ2
作り方
材料をよく混ぜ合わせ、具材を漬ける。器に盛り、七味とうがらし適量をふる。

ひじきの煮もの

基本の作り方

材料（4人分）
ひじき…30g
にんじん…½本
大豆水煮（缶詰）…I缶（40g）
サラダ油…大さじI
〈煮汁〉

作り方

①ひじきはたっぷりの水に30分ほどつけて、やわらかく戻す。
②①のひじきは水けをしっかり取り、長ひじきの場合は食べやすく切る。にんじんは皮をむいて3cm長さの棒状に切る。
③フライパンにサラダ油を熱し、中火でひじきをさっと炒める。にんじんを加えて炒め合わせ、大豆水煮を加える。〈煮汁〉を加えて落としぶたをし、中火で煮汁がほとんどなくなるまで煮る。

〈煮汁〉

基本のひじき煮

材料
酒・みりん…各大さじ2
しょうゆ・砂糖…各大さじ3、だし汁…Iカップ
作り方
材料をよく混ぜ合わせる。基本の作り方③で具材に加える。

ひじきのトマト煮

材料
カットトマト水煮（缶詰）…½缶（200g）
顆粒コンソメ…小さじI
トマトケチャップ…大さじI、水…½カップ
作り方
材料をよく混ぜ合わせ、基本の作り方③で具材に加える。

ひじきバターしょうゆ煮

材料
A［酒・しょうゆ…各大さじI
　砂糖…小さじ2、顆粒コンソメ…小さじ½
　水…½カップ］、バター…大さじI
作り方
基本の作り方③でサラダ油の代わりに、バターで具材を炒める。Aの材料をよく混ぜ合わせ、炒めた具材に加える。

ふろふき大根

基本の作り方

材料（2人分）
大根…6cm
昆布（10cm角）…I枚
〈練りみそ〉
ゆずの皮の細切り…適量
作り方

①大根は3cm厚さに切って皮を厚めにむき、面取りする。盛るときに下にするほうに十文字に隠し包丁を入れる。
②鍋に昆布を敷いて大根を並べ、水をかぶるくらい入れて中火にかける。煮立ったら弱火にし、大根に竹串がスーッと通るまで30〜40分煮る。
③器に大根を盛って好みの〈練りみそ〉をかけ、ゆずの皮をのせる。

〈練りみそ〉

基本の練りみそ

材料
赤だし用みそ…50g、酒…大さじI
だし汁・砂糖…各大さじ1½
白練りごま…大さじ½
作り方
材料を小鍋に入れてよく混ぜ合わせ、弱火にかけながら練り上げる。

ゆずみそ

材料
みそ…大さじ½、砂糖…大さじ½
だし汁（できれば昆布）…大さじI
ゆずこしょう…少量
作り方
材料をよく混ぜ合わせる。

白玉みそ

材料
白粒みそ…200g、みりん・酒
　…各大さじI
卵黄…I個分
作り方
白粒みそは裏ごしする。材料を小鍋に入れてよく混ぜ合わせ、弱火にかけながら練り上げる。

〈アレンジ〉

イタリアン冷ややっこ

材料（2人分）
しょうゆ…大さじ1、ミニトマト…4個
バジル（乾燥）…小さじ1
粉チーズ…小さじ2、オリーブ油…大さじ2
作り方
ミニトマトはへたを取り、縦4つ割りにする。
ボウルに材料を入れ、よく混ぜ合わせる。水
きりした豆腐にかける。

ねぎみそやっこ

材料（2人分）
ねぎのみじん切り…4cm分
みそ…大さじ2、砂糖…大さじ1～1½
水…大さじ1
作り方
ボウルに材料を入れてよく混ぜ合わせ、水き
りした豆腐にかける。

コチュジャンやっこ

材料（2人分）
しょうゆ…大さじ¼
コチュジャン…大さじ1½
白いりごま…大さじ1
ごま油…大さじ¼
作り方
ボウルに材料を入れてよく混ぜ合
わせる。水きりした豆腐にかける。

大根おろしやっこ

材料（2人分）
大根おろし…⅙本分（約100g）
しょうゆ…大さじ1½
ゆずこしょう…適量
作り方
ボウルに大根おろしとしょうゆを
入れてよく混ぜ合わせる。水きり
した豆腐にかけ、ゆずこしょうを
のせる。

香菜とザーサイの
エスニックやっこ

材料（2人分）
香菜…2～3株、ザーサイ（瓶）…30g
ごま油…小さじ2、しょうゆ…小さじ½～1
白いりごま…小さじ1
作り方
香菜の茎とザーサイはみじん切りに、香菜
の葉はざく切りにする。ボウルに材料を入れ
てよく混ぜ合わせ、水きりした豆腐にかけ
る。

豆豉やっこ

材料（2人分）
白髪ねぎ…5cm分
青ねぎのみじん切り…少量
ごま油…小さじ1
しょうゆ…小さじ½
酢…大さじ1、豆豉…小さじ1
作り方
ボウルに材料を入れてよく混ぜ合
わせ、水きりした豆腐にかける。

ねぎ塩やっこ

材料（2人分）
ねぎのみじん切り…⅓本分
レモン汁…大さじ½、ごま油…小さじ2
塩…小さじ⅓、粗びき黒こしょう…小さじ⅓
作り方
ボウルにごま油、塩、粗びき黒こしょうを入
れて混ぜる。残りの材料を加えてよく混ぜ
合わせ、水きりした豆腐にかける。

おかかしょうゆごま油

材料（1人分）
納豆…1パック、かつお節…1g
しょうゆ…適量
小ねぎの小口切り…適量、ごま油…少量
作り方
すべての材料を混ぜ合わせる。

納豆と厚揚げのチリソース

材料（1人分）
納豆…1パック、厚揚げ…1枚
ごま油…大さじ1
A［トマトケチャップ…大さじ2
　　酒・酢…各大さじ1、砂糖…小さじ1
　　塩・こしょう…各少量］
作り方
厚揚げは熱湯を回しかけて油抜きし、湯を
きる。縦半分に切り、1〜2cm厚さに切る。
フライパンにごま油を熱し、厚揚げを入れ
て焼きつける。A、納豆を加えてひと煮する。

ねぎみそ七味

材料（1人分）
納豆…1パック
みそ・しょうゆ・七味とうがらし・刻みねぎ
　…各適量
作り方
すべての材料を混ぜ合わせる。

オクラ納豆の緑ポン酢

材料（1人分）
納豆…1パック、オクラ…5本
A［ポン酢しょうゆ…大さじ1
　　きゅうりのすりおろし…1/2本分
　　ねぎのみじん切り…大さじ1］
作り方
オクラは板ずりして熱湯でさっとゆで、水に
取って水けをきる。縦半分に切り、中の種
を除いて、細かくたたく。Aは、きゅうりのす
りおろしの汁けをきり、残りの材料とよく混
ぜ合わせる。器に納豆とオクラを盛りつけ、
緑ポン酢をかける。

レモン＋オリーブ油

材料（1人分）
納豆…1パック、レモン（半月切り）…1/8個分
オリーブ油…適量
作り方
レモンを納豆にのせ、オリーブ油を回しか
ける。

〈アレンジ〉

ゆでキャベツ＋からしマヨ

材料（1人分）
納豆…1パック、キャベツ…30g
マヨネーズ・練りがらし…各小さじ1
作り方
キャベツはさっとゆでて粗みじん切
りにする。納豆、キャベツ、マヨネー
ズ、練りがらしを混ぜ合わせる。

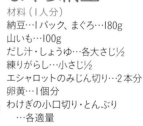

まぐろ納豆

材料（1人分）
納豆…1パック、まぐろ…180g
山いも…100g
だし汁・しょうゆ…各大さじ1/2
練りがらし…小さじ1/2
エシャロットのみじん切り…2本分
卵黄…1個分
わけぎの小口切り・とんぶり
　…各適量
作り方
納豆、まぐろ、山いもは軽くたたく。
だし汁、しょうゆ、練りがらし、エ
シャロットを加えて、混ぜ合わせる。
器に丸く盛りつけて真ん中に卵黄
を落とし、わけぎやとんぶりをのせ
る。

揚げだし豆腐

基本の作り方

材料（2人分）
絹ごし豆腐…1丁　　しょうがのすりおろし
片栗粉…大さじ1　　　…適量
小麦粉…大さじ1　　小ねぎの小口切り…適量
揚げ油…適量　　　〈あん〉
大根おろし…適量

作り方
① 豆腐をキッチンペーパーで包み、上に皿を1枚のせ、20分ほどおいて水きりをし、4等分に切る。
② バットに片栗粉、小麦粉を混ぜ合わせ、豆腐を入れて全体にまぶす。
③ 揚げ油を170℃に熱し、②を色よく揚げる。
④ 油をきって器に盛り、〈あん〉をかける。大根おろし、しょうがをのせ、小ねぎを散らす。

〈あん〉

基本の揚げだし豆腐のあん

材料
A［だし汁…1カップ、みりん…小さじ1
　しょうゆ…小さじ2、塩…少量］、水溶き片栗粉…適量

作り方
小鍋にAを入れてひと煮立ちさせる。火を止めて水溶き片栗粉を入れ、再度沸騰させてとろみをつけ、揚げだし豆腐にかける。

梅あん

材料
A［水…1カップ、昆布茶…小さじ½、梅肉…1個分
　みりん・しょうゆ…各小さじ1、塩…少量］
水溶き片栗粉…適量

作り方
小鍋にAの材料をすべて入れてひと煮立ちさせる。火を止めて水溶き片栗粉を入れ、再度沸騰させてとろみをつけ、揚げだし豆腐にかける。

きのこあん

材料
A［だし汁…¾カップ、酒・みりん…各大さじ1
　しょうゆ…小さじ2、塩…少量］
なめこ…½袋、しめじ…1パック
水溶き片栗粉…適量

作り方
小鍋にAを入れて煮立て、石づきをとり、ほぐしたしめじと洗ったなめこを加える。水溶き片栗粉でとろみをつけ、揚げだし豆腐にかける。

チャンプルー

基本の作り方

材料（2人分）
ゴーヤ…1本　　ごま油…小さじ1
にんじん…¼本　〈合わせだれ〉
ベーコン…3枚　卵…1個

作り方
① ゴーヤは縦半分に切って種を取り出し5mm幅の薄切りにし、塩もみしてよくすすぐ。にんじんは細切り、ベーコンは2cm幅に切る。
② フライパンにごま油を熱し、ベーコンを炒め、ゴーヤ、にんじんを加えてさらに炒める。
③ 火が通ったら〈合わせだれ〉を加え混ぜ、溶き卵を加えて全体をざっと混ぜ、半熟になったら火を止める。

〈合わせだれ〉

基本のゴーヤチャンプルー

材料
しょうゆ…小さじ1
中華顆粒スープの素…小さじ½
塩・こしょう…各少量

作り方
材料をよく混ぜ合わせて、基本の作り方③で加える。

みそチャンプルー

材料
にんにくのすりおろし…1かけ分
酒…大さじ2、しょうゆ…小さじ½
みそ…大さじ1½

作り方
材料をよく混ぜ合わせて、基本の作り方③で加える。

ソーミンチャンプルー

材料
そうめん…2束、ごま油…大さじ1/2
A［酒…大さじ½
　塩・こしょう…各少量］

作り方
そうめんはかためにゆで、冷水で洗ってよく水けをきってから、ごま油をまぶす。基本の作り方②でそうめんを加えて炒め、③で〈合わせだれ〉を加え混ぜ、器に盛って糸がつお（分量外）をのせる。

「洋のおかず」の
基本とアレンジ

ツナソース

材料
ツナ缶…小½缶（40g）、にんにく…½かけ
アンチョビフィレ…1枚、卵黄…1個分
オリーブ油…¼カップ、マヨネーズ・
レモン汁…各大さじ1
フレンチマスタード…小さじ½
塩・白こしょう…各少量

作り方
ツナは汁けをきる。にんにくは半分に
切って芯を取り、薄切りにする。フード
プロセッサーに材料を入れ、なめらか
になるまで撹拌し、塩で調味する。

バターソース

材料
バター…大さじ3⅓、レモン汁・
　パセリのみじん切り…各小さじ1

作り方
室温に戻したバターにレモン汁、パセ
リのみじん切りを加えて混ぜる。

マヨカレーソース

材料
マヨネーズ…大さじ2
カレー粉…大さじ½
みりんを半量に煮詰めたもの…大さじ1
レモン汁…小さじ½
パセリのみじん切り…大さじ2

作り方
パセリ以外の材料をよく混ぜ合わせ、最
後にパセリを加えて混ぜる。

粒マスタードソース

材料
粒マスタード…大さじ1
バター…大さじ½

作り方
肉を焼いた後のフライパンに粒マ
スタードを入れてひと煮立ちさせ、
バターを加えて溶かす。

ホットオニオンソース

材料
バター…大さじ1
玉ねぎの薄切り…中½個分
にんにくのみじん切り・
　レモンの皮のみじん切り…各大さじ½
砂糖・塩・こしょう…各少量

作り方
フライパンにバターを熱し、玉ねぎ、に
んにく、レモンの皮を炒め、玉ねぎに薄
いきつね色がついたら、塩、こしょう、
砂糖を加えて混ぜる。

〈ソース〉

ディルソース

材料
ディル…½パック、
顆粒コンソメスープの素…少量
湯…大さじ1、マヨネーズ…¼カップ
和からし…小さじ½
薄口しょうゆ・塩…各少量

作り方
ディルは茎ごと細かく刻む。ボウ
ルに顆粒コンソメスープの素と湯
を入れて混ぜる。冷めたら他の材
料を入れ、よく混ぜ合わせる。

梅肉ソース

材料
梅肉…2個分、酢・玉ねぎのすりおろし・
　オリーブ油・水…各大さじ1
こしょう…少量

作り方
材料をよく混ぜ合わせる。

フレッシュトマトソース

材料
トマト…75g、バター…大さじ½
塩・こしょう…各少量

作り方
トマトは湯むきして種を取り、5～
8mm角に切る。鍋にバターを熱し、
さっと炒めて塩、こしょうを加える。

赤ワインソース

材料
玉ねぎのみじん切り・
　セロリのみじん切り…各大さじ1
赤ワイン…¼カップ
バター…大さじ2½、塩…小さじ⅓
こしょう…少量

作り方
小鍋に玉ねぎ、セロリ、赤ワインを加
えて中火にかけ、煮立ったら弱火に
し、時々かき混ぜながら水分がほと
んどなくなるまで煮詰める。火を止
め、バターを加えて泡立て器でよく
混ぜ、塩、こしょうを加える。

ステーキには岩塩を

海塩に含まれるにがり成分はタンパク質を凝固させるはたらきがあるため、ステーキの下味には不向き。岩塩なら溶けるスピードが遅いので、水分が流れ出すことなくジューシーな焼き上がりに。粗くひいた岩塩を仕上げに使えば、表面にカリッとした食感と塩のうま味が楽しめる。

ステーキの焼き方

①牛肉は室温に戻し、両面に牛肉の1%量の塩と、こしょう適量をふる。

②フライパンにサラダ油少量を熱し、盛りつけるときに上になるほうから中火強で1分（薄めの肉なら40〜50秒）焼く。

③裏返して2〜3秒焼いたらフライパンごとぬれぶきんの上に取り、ジュッという音がほとんどしなくなったらコンロに戻し、弱火で好みの火加減に火を通す。好みの〈ソース〉を添えていただく。

フライパンに残った肉汁を
ソースの隠し味にして
さらにおいしく

基本の作り方

材料（2人分）
玉ねぎ…⅛個
パン粉、牛乳…各大さじ1½
合いびき肉…200g
塩・こしょう・ナツメグ…各少量
サラダ油…大さじ½
〈ソース〉
作り方
①玉ねぎはみじん切りにし、パン粉は牛乳に浸してふやかす。
②ボウルに合いびき肉、①、塩、こしょう、ナツメグを加えて混ぜる。2等分して小判形にまとめ、中央を少しくぼませる。
③フライパンにサラダ油を強火で熱し、②を入れ、焼き色がついたら上下を返し、ふたをして弱火で10分ほど焼く。器に盛って〈ソース〉をかける。

玉ねぎはうま味調味料

西洋料理では、「うま味」を含む食材として代表的な存在。ハンバーグでは、玉ねぎに多く含まれるグルタミン酸がひき肉のイノシン酸と合わさることで、うま味が格段に強くなる。炒めることで甘味が増すが、生のまま加えても辛味と食感が、よいアクセントに。

〈ソース〉

定番のソース

材料
赤ワイン…大さじ4
トマトケチャップ…大さじ3
ウスターソース・マスタード…各大さじ1⅓
砂糖…小さじ½
作り方
フライパンに赤ワインを入れ、火にかけて半量になるまで煮詰める。残りの材料を加え、ひと煮立ちさせる。

にんにく風味
バターしょうゆ

材料
バター…大さじ1⅔、しょうゆ…大さじ2
にんにくの薄切り…1かけ分
作り方
ハンバーグを焼く前に油ににんにくを加え、火にかけ、香りが立ったら取り出す。ハンバーグを焼いた後のフライパンの油を軽くふき、弱火にかけてバターとしょうゆを加える。バターが溶けたら出来上がり。

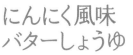

レッドソース

材料
トマトジュース…½カップ
赤ワイン…大さじ1
ウスターソース…大さじ½
砂糖…大さじ¼
顆粒コンソメスープの素・ガーリックパウダー・
　　オニオンパウダー・塩・こしょう…各少量
作り方
鍋にトマトジュースと赤ワイン、ウスターソース、砂糖、顆粒コンソメスープの素を入れ、弱火で2〜3分煮る。ガーリックパウダー、オニオンパウダー、塩、こしょうを加えて混ぜる。

和風おろしソース

材料
めんつゆ（ストレート）…大さじ4
大根おろし…1カップ
青じそのせん切り…5枚分
作り方
材料をよく混ぜ合わせる。

ハワイアンソース

材料
バター…大さじ1、玉ねぎ…1/8個、セロリ…1/3本
パイナップルジュース…大さじ4 1/2、白ワイン…大さじ2
顆粒コンソメスープの素・こしょう…各少量
コーンスターチ…小さじ1、水…大さじ1/2
パイナップル（缶詰）…1枚
作り方
玉ねぎ、セロリはともに5mm角に切り、鍋にバターを溶かして透き通るまでよく炒める。パイナップルジュースと白ワインを加え、弱火で1〜2分煮る。顆粒コンソメスープの素、こしょうを加えて調味し、コーンスターチを分量の水で溶いて加え、とろみをつける。パイナップルを8等分に切り、ソースに加える。

ごまソース

材料
白練りごま…大さじ2、酢…大さじ2弱
砂糖・ごま油…各大さじ1
しょうゆ…大さじ1/2
ラー油…少量
作り方
材料をよく混ぜ合わせる。

基本の作り方

材料（2人分）
豚ロース肉（トンカツ用）
　…2枚
塩…小さじ1/3
こしょう…適量
卵…1個
粉チーズ…大さじ1
〈衣〉
オリーブ油…大さじ2
〈ソース〉

作り方
① 豚ロース肉は筋切りし、塩、こしょうをふり、1枚ずつラップではさんでめん棒などでたたき、厚さ5mm弱にのばす。
② 卵をボウルに溶きほぐし、粉チーズを加えてよく混ぜる。カツレツの衣のパン粉は適量をやや目の細かいざるに通して細かくする。肉を卵液にくぐらせて〈衣〉をしっかりとつける。
③ フライパンにオリーブ油を熱し、②を入れ、弱めの中火で揚げ焼きにする。色づいたら裏返し、色よく焼いて取り出し、器に盛って〈ソース〉を添える。

〈衣〉

ミラノ風カツレツの衣

材料
パン粉…1/2カップ
パセリのみじん切り…大さじ1/2
粉チーズ…大さじ3
作り方
材料をよく混ぜ合わせ、基本の作り方の〈衣〉として使う。

ガーリック風味カツレツの衣

材料
パン粉…1/2カップ
乾燥パセリ…大さじ1
粉チーズ…大さじ1
にんにくのみじん切り…1かけ分
レモンの皮のみじん切り・
　塩・こしょう…各適量
作り方
材料をよく混ぜ合わせ、基本の作り方の〈衣〉として使う。

〈ソース〉

トマトソース

豚肉など

材料
トマト水煮（缶詰）…1/2缶（200g）
にんにくのみじん切り…1/2かけ分
玉ねぎのすりおろし…1/8個分
オリーブ油…大さじ1 1/2、白ワイン…大さじ1
塩・こしょう…各少量
トマトケチャップ…大さじ1、バジル…5枚
作り方
鍋ににんにく、玉ねぎ、オリーブ油を入れて強火にかけ、にんにくが少し色づいたら白ワインを加えて3〜4分煮込む。塩、こしょうを加えて味を調え、鍋底を冷水に当てて冷やす。冷めたらざるでこしたトマト水煮とトマトケチャップを加え、バジルの葉を刻んで加え、よく混ぜ合わせる。

洋風梅ソース

鶏肉など

材料
梅肉…大2個分、玉ねぎのすりおろし・オリーブ油・
　水…各大さじ1、こしょう…少量
作り方
材料をよく混ぜ合わせる。

バジルソース

鶏肉など

材料
バジル…大8枚、イタリアンパセリ…3枝
トマト…1/2個、にんにくのみじん切り…1かけ分
ケイパーのみじん切り…大さじ1、赤とうがらし…1本
オリーブ油…大さじ4、塩・こしょう…各少量
作り方
バジルとイタリアンパセリは手で小さくちぎる。トマトは種を除いて、粗みじん切りにし、赤とうがらしは半分にちぎって種を除く。小鍋にオリーブ油、にんにく、赤とうがらしを入れて火にかけ、香りが立ったらバジル、イタリアンパセリを加え、油に香りを移す。ケッパーとトマトを混ぜて火を止め、塩、こしょう、EXVオリーブ油適量（分量外）を加えて混ぜる。

みそソース

豚肉など

材料
だし汁…大さじ2 1/3、みそ…大さじ2、砂糖…大さじ1 1/2、しょうゆ…小さじ1、溶きがらし…小さじ1/2
作り方
小鍋に溶きがらし以外の調味料を入れてよく混ぜる。中火にかけて混ぜながら1〜2分煮る。火からおろし、からしを加える。

りんごソース

豚肉など

材料
りんごのすりおろし…½個分
玉ねぎのみじん切り…⅙個分
バター・ウスターソース・トマトケチャップ…各大さじ1
赤ワイン…大さじ1½
マスタード・シナモン・こしょう…各少量

作り方
肉を焼いた後のフライパンにバターを溶かし、玉ねぎを炒める。残りの材料を加え、弱火で煮る。

エスニックソース

白身魚、豚肉など

材料
ナンプラー・グラニュー糖・レモン汁…各大さじ1
にんにくのみじん切り…1かけ分、赤とうがらしの
　小口切り…1本分、サラダ油…大さじ1

作り方
肉を焼いた後のフライパンの脂を軽くふき、サラダ油を中火で熱し、にんにく、赤とうがらしを炒める。香りが立ったらほかの材料を加えてひと混ぜする。

大葉みそソース

豚肉など

材料
青じそ…8枚、みそ・酒…各大さじ1½
水…大さじ1、塩・こしょう・サラダ油…各適量

作り方
青じそ以外の材料をよく混ぜ合わせ、肉を焼いた後のフライパンに入れ、中火にかけて時々混ぜながら30秒ほど煮る。青じそのせん切りを加え混ぜる。

簡単ジェノベーゼ風ソース

鶏肉など

材料
パセリのみじん切り…大さじ3、粉チーズ…小さじ2
レモン汁…小さじ1、塩…小さじ¼
オリーブ油・白すりごま…各大さじ1
イタリアンパセリ…適量

作り方
材料をよく混ぜ合わせる。

オランデーズソース

豚肉、白身魚など

材料
酢・水…各大さじ2、卵黄…2個分
バター…大さじ4、レモン汁…¼個分

作り方
小鍋に酢と水を入れ、弱火で半量になるまで煮詰める。火から下ろして少し冷まし、卵黄を加えて手早く混ぜ、とろみがつき、なめらかなクリーム状になるまで丁寧によく混ぜる。バターを加えてさらに混ぜ、レモン汁を加える。

基本の作り方

材料（2人分）
豚ロース肉（トンカツ用）…2枚
塩…小さじ¼弱
粗びき黒こしょう…適量、サラダ油…大さじ1
〈ソース〉

作り方
①豚ロース肉は筋切りをし、両面に塩、こしょうをふって、5～10分おいてなじませる。
②フライパンにサラダ油を熱し、豚肉を並べ、焦げ目がついたら裏返し、焦がさないように焼き上げる。器に盛り、〈ソース〉をかける。

〈ソース〉

バターソース

白身魚、魚介類など

材料
バター…大さじ½
にんにくのみじん切り…½かけ分
玉ねぎのみじん切り…大さじ½
パセリのみじん切り…大さじ½

作り方
肉に焼き色がついたら材料を加えてざっと混ぜ、にんにくの香りが立ったら火を止める。

マヨしょうゆソース

鶏肉、白身魚など

材料
マヨネーズ…大さじ2
しょうゆ・牛乳…各大さじ1

作り方
材料はよく混ぜ合わせておく。肉に焼き色がついたら酒適量（分量外）をふり、混ぜ合わせた材料を回し入れ、フライパンを揺すりながら照りが出るまで肉にからめる。

基本の作り方

材料（2人分）
豚ヒレかたまり肉…200g
塩・粗びき黒こしょう
　…各適量
サラダ油…大さじ½
〈衣〉
〈ソース〉

作り方
①豚肉は1.5cm厚さに切って、手のひらで軽くのばし、塩、粗びき黒こしょうをふる。
②フライパンにサラダ油を熱し、①に〈衣〉をからめて、弱めの中火で両面をこんがり焼く。器に盛って〈ソース〉をかける。

〈衣〉

基本のピカタの衣

豚肉など

材料
卵…1個、パルメザンチーズ…大さじ3
作り方
卵を割りほぐし、チーズを加えてよく混ぜ、基本の作り方の〈衣〉として使う。

ガーリック衣

鶏肉、豚肉など

材料
卵…1個、パルメザンチーズ…大さじ2
ドライパセリ…大さじ1
にんにくのすりおろし…¼かけ分
作り方
卵を割りほぐし、材料を加えてよく混ぜ、基本の作り方の〈衣〉として使う。

ハーブ衣

鶏肉など

材料
卵…1個、ドライパセリ…大さじ1
青じそ…2〜3枚、こしょう…小さじ½
作り方
青じそは刻んでおく。卵を割りほぐし、材料を加えてよく混ぜ、基本の作り方の〈衣〉として使う。

〈ソース〉

イタリアントマトソース

豚肉や鶏肉など

材料
玉ねぎのみじん切り…¼個分
オリーブ油…小さじ2
トマト水煮（缶詰）…小½缶（100g）
トマトペースト…大さじ1½
砂糖…小さじ½、塩…小さじ⅓
バジル…大さじ½、こしょう…少量
作り方
フライパンにオリーブ油を熱し、玉ねぎを5分ほど炒め、ほかの材料をすべて加える。煮立ったら弱火にし、とろみがつくまで煮詰める。

ワインケチャップソース

牛肉や豚肉など

材料
にんにくのみじん切り…⅓かけ分
玉ねぎのみじん切り…¼個分強
白ワイン…大さじ4
トマトケチャップ…大さじ3
黒こしょう・ローリエ（粉末）…各少量
サラダ油…大さじ1½
作り方
フライパンにサラダ油を熱し、にんにくと玉ねぎを加え、玉ねぎがしんなりするまで炒める。ワインを加えてアルコール分をとばし、ケチャップと黒こしょう、ローリエを加えて混ぜる。

カレークリームソース

白身魚や豚肉など

材料
白ワイン…大さじ2強
カレー粉…小さじ2弱
生クリーム…大さじ4½
レモン汁…小さじ2、塩…小さじ⅓
作り方
フライパンを火にかけ、ワインを入れてアルコール分をとばし、ほかの材料を加え、混ぜながら少し煮詰める。

ロールキャベツ

じっくり煮込んで
ふっくらとろけるおいしさに

〈煮汁〉

基本のロールキャベツ トマト

材料
トマト水煮（缶詰）…½缶（200g）
トマトケチャップ…大さじ2
塩・こしょう…各少量、固形スープの素…1個
ローリエ…1枚、水…1¼カップ
作り方
基本の作り方③で材料を鍋に入れて煮る。

基本のロールキャベツ コンソメ

材料
固形スープの素…1個
塩・こしょう…各少量、水…2カップ
作り方
基本の作り方③で材料を鍋に入れて煮る。

和風ロールキャベツ

材料
みりん…大さじ1
薄口しょうゆ…大さじ2
和風だしの素…6g、水…2カップ
作り方
基本の作り方③で材料を鍋に入れて煮る。

ロールキャベツの サワークリーム煮

材料
トマトピューレ・サワークリーム・
　水…各½カップ
ローリエ…1枚、塩…小さじ1
こしょう…少量
作り方
基本の作り方③で材料を鍋に入れて煮る。

基本の作り方

材料（2人分）
キャベツ…4枚
合いびき肉…160g
玉ねぎのみじん切り…¼個分
卵…1個
パン粉…20g
塩…小さじ⅓
こしょう…少量
〈煮汁〉

作り方
① キャベツはラップで包み、電子レンジ（500W）で2分ほど加熱する。
② ボウルに合いびき肉、玉ねぎ、卵、パン粉、塩、こしょうを入れ、よく混ぜ合わせて4等分にし、それぞれ俵形に成形する。
③ ①のキャベツの芯を切り取り、葉で②と芯をいっしょに包む。鍋に並べ入れ、〈煮汁〉を加えて火にかける。
④ 煮立ったら落としぶたをして、20分ほど煮て、器に盛る。

ロールキャベツには冬のキャベツを

一般に「キャベツ」と呼ばれるものは時期によって3種類に分けられる。葉が薄くしゃっきりとした夏秋冬キャベツ。しっかりとした葉と甘味が特徴の冬キャベツ。葉の巻きが緩く甘味の強い春キャベツ。ロールキャベツに使うなら冬キャベツがよい。煮込むことでかたい葉がやわらかくなり、甘味はぐんと増す。

ローストチキン

基本の作り方

材料（4人分）
玉ねぎ…2個
にんにく…1かけ
ベーコン…4枚
食パン（8枚切り）…2枚
サラダ油…大さじ2
バター…大さじ3
干しぶどう…大さじ3
スライスアーモンド…½カップ
塩…小さじ1
こしょう…少量
丸鶏…1羽
にんじん…1本
〈ソース〉

作り方
①玉ねぎ1個は1cm角に切り、にんにくは薄切りにする。ベーコンは1cm幅に、食パンは耳をつけたまま1cm角に切る。
②フライパンにサラダ油を熱し、①の食パン以外を炒める。玉ねぎに火が通ったらバターを加え、干しぶどう、スライスアーモンド、食パンを順に加える。塩、こしょうをして炒め合わせて冷ます。
③丸鶏は氷水に浸し、全体を手のひらでこすって洗う。腹の中にも氷水を入れてよくすすぎ、キッチンペーパーで水けをふく。首づるは、皮は残してつけ根で切り離す。
④丸鶏を腹側を上にして置き、尾側の穴から、②を力を入れてたっぷり詰め、詰めた穴をつまようじとたこ糸でふさぎ、足先に回して結ぶ。首の皮は背側に回し、手羽先も背側に回して形を整える。
⑤玉ねぎ1個は8等分のくし形切りに、にんじんは洗って、皮つきのまま、1cm厚さの輪切りにする。
⑥オーブンの天板に金網を置き、⑤と細かく切った首づるをのせ、その上に詰めものをした丸鶏をのせる。250℃に温めたオーブンで約1時間焼く。焼き色がつき、指先で軽く押したときにかたい感触になったら焼き上がり。器に移して、つまようじとたこ糸をはずす。切り分けて好みの〈ソース〉を添える。

〈ソース〉

グレイビーソース

材料
天板に残った焼き汁・洋風スープ・白ワイン…各大さじ4
塩・こしょう…各少量
コーンスターチ…小さじ2、水…大さじ1

作り方
鍋に、天板に残った焼き汁をこし入れる。スープとワインを加えて弱火で5分煮、やや濃いめに塩、こしょうで調味し、コーンスターチの水溶きでとろみをつける。

わさびバターソース

材料
酒…大さじ2、しょうゆ…小さじ2
練りわさび…小さじ2、バター…大さじ1

作り方
鍋に、天板に残った焼き汁大さじ4を流し入れる。ソースの材料を加えて中火にかけてとろみがつくまで混ぜ合わせる。

フライドチキン

基本の作り方

材料（2人分）
鶏肉（好みの部位）…250〜300g
〈もみだれ〉
溶き卵…½個分
牛乳…¼カップ
小麦粉…大さじ1½
強力粉・片栗粉…各大さじ½
塩・こしょう…各小さじ¼
揚げ油…適量
〈シーズニング〉

作り方
①鶏肉はフォークで数か所穴をあけ、密封用ポリ袋に入れて〈もみだれ〉を加え、余分な空気を抜いて袋を閉じ、全体をもみこんで、冷蔵庫で3時間以上ねかせる。
②溶き卵と牛乳はよく混ぜ合わせる。
③小麦粉、強力粉、片栗粉、塩、こしょうを混ぜ合わせる。
④①を室温に戻し、②、③の順に衣をつけ、余分な粉をはたき落とし、160℃に熱した揚げ油で、じっくりと揚げ、中心まで火が通ったら190℃程度の高温にして濃いきつね色になるまで揚げる。油をきり〈シーズニング〉を全体にからめる。

〈もみだれ〉

フライドチキンのもみだれ

材料
白ワイン…大さじ2、塩・チリパウダー・にんにくのすりおろし…各小さじ1、こしょう…少量
薄口しょうゆ…小さじ½、ローリエ（ちぎったもの）…½枚分

作り方
材料をよく混ぜ合わせ、基本の作り方①で肉に下味をつける。

〈シーズニング〉

チーズシーズニング

材料
粉チーズ…大さじ3、粗びき黒こしょう…小さじ½、塩…少量

作り方
材料をよく混ぜ合わせ、基本の作り方④でフライドチキンにからめる。

スパイシーシーズニング

材料
砂糖…大さじ1、カレー粉…小さじ1、塩…小さじ¼
粉ざんしょう・こしょう…各小さじ½、パセリのみじん切り…大さじ1

作り方
材料をよく混ぜ合わせ、基本の作り方④でフライドチキンにからめる。

和風シーズニング

材料
青のり・白すりごま…各大さじ1、塩…小さじ¼

作り方
材料をよく混ぜ合わせ、基本の作り方④でフライドチキンにからめる。

スペアリブ

基本の作り方

材料（2人分）
豚スペアリブ…500g　　水…½カップ
塩・こしょう…各適量　〈合わせだれ〉
サラダ油…大さじ1

作り方
①豚スペアリブはフォークで数か所刺し、塩、こしょうをふる。
②フライパンにサラダ油を熱し、豚肉に両面焼き色をつけ、〈合わせだれ〉と水を加え、煮立ったら弱めの中火で40～45分蒸し煮にする。

〈合わせだれ〉

ハーブオイル焼き

材料
ローズマリー…1枝、にんにく…1かけ
ローリエ…1枚、オリーブ油…¾カップ
作り方
基本の作り方②でフライパンに混ぜ合わせた材料を加えて熱し、水は加えず豚肉を焼いて器に盛り、好みでレモン汁をふる。

マーマレード煮

材料
オレンジマーマレード…⅓カップ強
トマトケチャップ…大さじ2～3
しょうゆ…大さじ1、レモン汁…大さじ1
作り方
材料をよく混ぜ合わせる。基本の作り方②で加える。

〈つけだれ〉

ピリ辛つけだれ

材料
玉ねぎのみじん切り…½個分
レモン汁…½個分、トマトケチャップ
　…大さじ1½、砂糖…大さじ1
しょうゆ…小さじ1、豆板醤…小さじ½
作り方
材料をよく混ぜ合わせる。基本の作り方②で〈合わせだれ〉と水を入れずに、豚肉を焼き、器に盛って〈つけだれ〉を添える。

ラタトゥイユ

基本の作り方

材料（2人分）
なす…1本　　　　　にんにく…1かけ
ズッキーニ…½本　　オリーブ油…大さじ1
パプリカ…½個　　　塩・こしょう…各適量
玉ねぎ…½個　　　　〈煮汁〉

作り方
①なすはへたを取って輪切り、ズッキーニも輪切りに、パプリカは種とへたを取り乱切りにする。玉ねぎはくし形切りにする。
②フライパンにオリーブ油とにんにくを入れて熱し、香りが立ったらズッキーニを加え、しんなりして焼き色がつくまで炒めたら鍋に移す。
③パプリカ、玉ねぎ、なすの順で同様に炒めて鍋に移す。
④〈煮汁〉を加えて混ぜ合わせ、ふたをして煮立ったら弱火にし、15分ほど煮て、塩、こしょうで調味する。

〈煮汁〉

基本のラタトゥイユ

材料
トマト水煮（缶詰）…½缶（200g）
バジル（乾燥）…少量
ローリエ…1枚
塩・こしょう…各適量
作り方
トマト水煮はつぶしながら、残りの材料と混ぜ合わせ、基本の作り方④で加えて具材と煮る。

和風ラタトゥイユ

材料
A［酒…大さじ2
　　しょうゆ…大さじ1、砂糖…少量］
ごま油…大さじ2
青じそ…2～3枚
作り方
基本の作り方②で、オリーブ油の代わりにごま油で野菜を炒める。④で合わせたAを加えて煮る。仕上げに青じそをちぎって散らす。

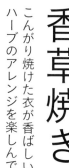

基本の作り方

材料（2人分）
鶏胸肉…1枚
塩・こしょう…各適量
粒マスタード…大さじ1
オリーブ油…大さじ1
〈衣〉

作り方
①鶏肉は半分に切り、塩、こしょうをふっておく。
②オリーブ油大さじ½を塗ったアルミホイルに①をのせ、粒マスタードを上面に塗り、〈衣〉をふる。
③残りのオリーブ油をかけ、230℃のオーブンで4〜5分焼く。

"ハーブミックス"は好みのブレンドで楽しんで

ハーブは自分好みにミックスしておくと、使う楽しみがぐっと広がる。卵料理用（タイム、パセリ、バジル、タラゴンなど）、肉料理用（セージ、ローレル、タイムなど）、煮込み料理用（タイム、ローリエ、オレガノなど）など、料理別に用意しても便利。

基本のパン粉

青背魚、白身魚など

材料
パルメザンチーズ…小さじ1、塩…小さじ¼
こしょう…少量、オレガノ…小さじ½
タイム…小さじ¼、パン粉（乾燥）…⅓カップ
作り方
材料をよく混ぜ合わせ、基本の作り方の〈衣〉として使う。

しょうゆパン粉

豚肉など

材料
パセリのみじん切り…大さじ1
にんにくのすりおろし…少量
EXVオリーブ油…大さじ1½
しょうゆ…小さじ1、パン粉（乾燥）…¼カップ
作り方
材料をよく混ぜ合わせ、基本の作り方の〈衣〉として使う。

にんにくパン粉

鶏肉など

材料
イタリアンパセリのみじん切り…大さじ1
ローズマリーのみじん切り…1枚分
パン粉（乾燥）…1カップ、粉チーズ…大さじ1
にんにくのみじん切り…½かけ分
作り方
材料をよく混ぜ合わせ、基本の作り方の〈衣〉として使う。

青じそパン粉

鶏肉や青背魚など

材料
青じそのみじん切り…5枚分
パセリのみじん切り…大さじ2
パン粉（乾燥）…½カップ、白ワイン…大さじ1
作り方
材料をよく混ぜ合わせ、基本の作り方の〈衣〉として使う。

〈ソース〉

白ワインソース

材料

バター…大さじ2、白ワイン…大さじ2
レモン汁…大さじ1、塩…小さじ½、こしょう…少量

作り方

耐熱ボウルにバターを入れて、ラップをかけずに電子レンジ
（500W）で45〜50秒加熱する。取り出して残りの材料を
加えて、よく混ぜ合わせる。さけを焼いた後のフライパンに
ソースを入れ、煮立ててワインのアルコール分をとばす。

ガーリッククリームソース

材料

にんにくのみじん切り…1かけ分、玉ねぎのみじん切り…¼個分
小麦粉…小さじ1、牛乳…⅓カップ
塩…小さじ½、こしょう…少量、オリーブ油…大さじ2

作り方

さけを焼いた後のフライパンの汚れをふき、オリーブ
油、にんにく、玉ねぎを入れて中火にかける。香りが
立ったら小麦粉を加え、粉っぽさがなくなるまで炒め
る。牛乳を加えて強めの中火にし、混ぜながら1分ほ
ど煮る。塩、こしょうを加えて混ぜる。

レモンマヨソース

材料

マヨネーズ…大さじ1½、レモン汁…大さじ1
レモンの皮のみじん切り・パセリのみじん切り…各適量
砂糖…小さじ½、塩・粗びき黒こしょう…各適量

作り方

材料をよく混ぜ合わせる。

バルサミコソース

材料

バルサミコ酢…小さじ2、塩・こしょう…各少量
にんにくオイル（下記参照）…小さじ1

作り方

フライパンに残った余分な脂をふき、バルサミコ酢を
加え、余熱で酸味をとばす。にんにくオイルを加えて
塩、こしょうで味を調えて完成。

にんにくオイル（作りやすい分量）

材料　にんにく…3かけ、赤とうがらし…1本
　オリーブ油…1½カップ
作り方　にんにくは皮をむいてつぶし、赤とうがらし
は種とへたを取る。瓶にオリーブ油とにんにく、赤とう
がらしを入れ、1日漬ける。

昆布のうま味ソース

材料

昆布だし汁…大さじ5
生クリーム・マスタード…各大さじ1½
バター（食塩不使用）…大さじ1⅔
パセリのみじん切り…適量

作り方

鍋にだし汁を入れて、煮立ったら生クリーム、マスター
ドを加えて混ぜる。さらに煮立ったらバターを加えて、
泡立て器で混ぜながら少しとろみがつくまで煮詰め
る。仕上げにパセリを加えて火を止める。

基本の作り方

材料（2人分）

さけ…2切れ
塩・こしょう・小麦粉…各少量
バター…大さじ½
〈ソース〉

作り方

①さけに塩、こしょうをふり、全体に小麦粉を薄く
　まぶす。
②フライパンにバターを溶かし、①を並べ入れて
　中火で焼く。全体が白っぽくなってきたら上下を
　返し、中まで火を通す。
③出来上がったら器に盛り、〈ソース〉をかけ、好み
　でバター適量（分量外）をのせる。

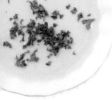

チリコンカン

基本の作り方

材料（4人分）

金時豆…1カップ
サラダ油…大さじ2
にんにくのみじん切り
　…1かけ分
玉ねぎのみじん切り
　…小1個分
牛ひき肉…200g
〈煮汁〉

作り方

① 金時豆はたっぷりの水に1晩（約10時間）つけて戻し、水けをきって鍋に入れ、ひたひたの水を加えて煮立てる。アクをすくいながら中火でやわらかくなるまでふたをせずに1時間半〜2時間煮る。

② 深めの鍋にサラダ油を熱し、にんにくのみじん切り、玉ねぎのみじん切りを加えて透き通るまで炒め、牛ひき肉を加えてよく炒め合わせる。〈煮汁〉の材料を加え、味がなじむまで20分ほど中火で煮る。

③ 豆の水けをきって加え、さらに20分ほど、ぽってりとするまで煮る。

〈煮汁〉

基本のチリコンカン

材料

トマト水煮（缶詰）…1缶（400g）
水…1カップ、トマトピューレ・
　トマトケチャップ…各大さじ3
ローリエ…2枚、チリパウダー・
　オレガノ・クミンシード…各小さじ½
固形スープの素…1個
塩…小さじ½、こしょう…少量

作り方

基本の作り方②で加える。

簡単チリコンカン

材料

にんにく…1かけ
トマト水煮（缶詰）…1缶（400g）
固形スープの素…1個、ローリエ…1枚
カレー粉…小さじ2、
塩・こしょう…各少量

作り方

塩、こしょう以外の材料を基本の作り方②ですべて鍋に入れ、煮る。最後に塩、こしょうで味を調える。

アクアパッツァ

基本の作り方

材料（4人分）

白身魚…1尾
あさり…300g
ミニトマト…12個
塩・こしょう…各少量
小麦粉…大さじ2
オリーブ油…大さじ3
にんにくの薄切り…1かけ分
しめじ…½パック
〈煮汁〉

作り方

① 白身魚（めばる、たいなど）はうろこと内臓を取り、水洗いして水けをふく。塩、こしょうをふって小麦粉を薄くまぶす。

② あさりは砂抜きをしてよく洗う。ミニトマトは縦半分に切る。

③ フライパンにオリーブ油を熱し、魚の両面を色づくまで焼く。にんにくの薄切り、ミニトマト、しめじも加えて焼く。

④ フライパンに〈煮汁〉を加え、煮立ったらあさりを加えて中火にし、口が開くまで煮る。

〈煮汁〉

基本のアクアパッツァ

白身魚など

材料

ケイパー…12個、ブラックオリーブ…6個
白ワイン…大さじ8、水…2カップ

作り方

材料を混ぜ合わせ、基本の作り方④で加える。

トマトのアクアパッツァ

白身魚など

材料

アンチョビフィレ…小2枚、ドライトマトのオイル漬け…20g
トマト水煮（缶詰）…⅔缶（260g）、水…½カップ

作り方

基本の作り方③でミニトマトは入れず、煮汁の材料を混ぜ合わせ、④で加える。

和風アクアパッツァ

白身魚など

材料

酒…½カップ、みりん・酢…各大さじ1
薄口しょうゆ…大さじ2、水…1カップ

作り方

材料を混ぜ合わせ、基本の作り方④で加える。

オムレツ

基本の作り方

材料（1人分）
卵…3個
塩・こしょう…各少量
生クリーム…大さじ2/3
サラダ油…適量
バター…小さじ1
〈ソース〉

作り方
① ボウルに卵を割り入れ、泡立て器でよく混ぜ、ざるなどでこし、塩、こしょうと生クリームを加えて混ぜる。
② フライパンにサラダ油を熱し、バターを溶かし、卵液を流し入れたら強火でフライパンを揺すりながら箸で大きく混ぜる。
③ 半熟状になったら半分に折り、さっと両面を焼いて器に盛り、好みの〈ソース〉を添える。

〈ソース〉

自家製ケチャップ

材料（作りやすい分量）
トマト…中2個（400g）
A［砂糖…小さじ2、塩・酢…各小さじ2/3
　野菜ジュース…大さじ1
　赤とうがらし（半分にちぎって種を除く）…1本
　黒こしょう・シナモンパウダー…各少量］
ローリエ…1枚

作り方
トマトは皮をむいて種を取り、粗みじん切りにする。トマトとAを鍋に入れ、中火で1分加熱する。水けが出てきたら、ローリエを加えてさらに煮て、煮立ってきたら弱火で10分ほどよくかき混ぜながら煮る。全体の色が濃くなり、水けが減ってきたら、ローリエと赤とうがらしを取り除き、さらに混ぜながら弱火で煮詰める。鍋底に寄せるとひとつにまとまる程度のかたさになったら完成。

簡単ケチャップソース

材料（2人分）
トマトケチャップ…大さじ2
中濃ソース…大さじ1
砂糖…小さじ2、バター…大さじ1弱

作り方
材料をよく混ぜ合わせて鍋に入れ、少し煮詰める。

マリネ

基本の作り方

材料（作りやすい分量）
スモークサーモン…100g
ゆでだこ…50g
まぐろ…50g
たい…50g
トマト…1個
〈マリネ液〉
ベビーリーフ…1袋

作り方
① たこ、まぐろ、たいはそぎ切りにする。トマトはひと口大に切る。
② ボウルに具材と〈マリネ液〉を入れ、手でもみ込むようにして混ぜ、冷蔵庫で1晩ねかせる。器にベビーリーフを敷き、マリネした具材を盛る。

〈マリネ液〉

基本のマリネ液

魚介類など

材料
酢…大さじ4、塩…小さじ2
砂糖・オリーブ油…各大さじ2

作り方
ボウルに材料を混ぜ合わせる。好みの野菜や魚介類を加えてあえ、味をなじませる。

カレーマリネ液

野菜、魚介類など

材料
酢…1/2カップ、カレー粉…大さじ3
はちみつ…大さじ2、塩…小さじ2

作り方
ボウルに材料を混ぜ合わせる。好みの野菜や魚介類を加えてあえ、味をなじませる。

和風マリネ液

野菜など

材料
オリーブ油…大さじ1、しょうゆ…小さじ1
塩…小さじ1/4、砂糖…少量

作り方
ボウルで材料を混ぜ合わせる。好みの野菜や魚介類を加えてあえ、味をなじませる。

〈ソース〉

みそマヨソース

温野菜や魚のソテーなどに

材料（作りやすい分量）
みそ…大さじ2
にんにくのすりおろし…大さじ½
ポン酢・マヨネーズ…各大さじ1
作り方
ボウルに材料を入れ、よく混ぜ合わせる。

バーニャカウダ

野菜スティックなどに

材料（作りやすい分量）
アンチョビフィレ…5〜6枚
EXVオリーブ油…大さじ2
生クリーム…1カップ
コーンスターチ・水…各小さじ1
塩・こしょう…各少量
作り方
小鍋を中火にかけてオリーブ油を熱し、細かくたたいたアンチョビを加えて軽く炒め、生クリームを加える。コーンスターチを水で溶いて加え、とろみをつけて塩、こしょうで調味する。

にんにく卵黄ソース

ゆでたにんじんやじゃがいもなどに

材料（作りやすい分量）
卵黄…1個分
にんにくのすりおろし…1かけ分
EXVオリーブ油…¾カップ
レモン汁…大さじ1
塩・小さじ½、こしょう…少量
作り方
ボウルにオリーブ油以外の材料を入れてクリーム状になるまで練る。泡立て器で混ぜながらオリーブ油を少しずつ加えて混ぜる。

温野菜の和風ごまソース

温野菜や蒸し鶏などに

材料（作りやすい分量）
白みそ・酒・白すりごま
　…各大さじ1
だし汁…大さじ½
作り方
酒は火にかけてアルコール分をとばし、他の材料とよく混ぜ合わせる。

〈ディップ〉

クリームチーズディップ

スコーンやパンやデザートに

材料（作りやすい分量）
クリームチーズ…50g
にんにくのすりおろし…½かけ分
パセリのみじん切り…小さじ2
塩・こしょう…各少量
オリーブ油…小さじ½
作り方
クリームチーズは室温でやわらかくする。ボウルに材料を入れ、よく混ぜ合わせる。

みそチーズディップ

キャベツやきゅうり、根菜などに

材料（作りやすい分量）
クリームチーズ…50g、みそ…大さじ½
しょうゆ・塩・こしょう…各少量
作り方
クリームチーズは室温でやわらかくする。ボウルに材料を入れ、よく混ぜ合わせる。

レモンツナマヨディップ

かぶのソテーなどに

材料（作りやすい分量）
ツナ缶…小1缶、マヨネーズ…大さじ4
レモン汁…小さじ1、塩・こしょう…各少量
作り方
ツナは缶汁をきってボウルに入れ、マヨネーズを加えて混ぜる。残りの材料を加え、よく混ぜ合わせる。

〈合わせだれ〉

基本のポテトサラダ

材料
砂糖・酢・サラダ油…各小さじ1
塩・こしょう…各少量
マヨネーズ…大さじ3
作り方
材料をよく混ぜ合わせ、基本の作り方の③で加える。

カレー風味ポテトサラダ

材料
カレー粉…小さじ1、牛乳…大さじ1
マヨネーズ…大さじ2
砂糖…小さじ1、塩…適量
作り方
材料をよく混ぜ合わせ、基本の作り方の③で加える。

コンビーフ入りポテトサラダ

材料
コンビーフ…½缶（50g）
パセリのみじん切り…大さじ1
マヨネーズ…大さじ2、塩…小さじ¼
こしょう…少量
作り方
材料をよく混ぜ合わせ、基本の作り方の③で加える。

基本の作り方

材料（2人分）
じゃがいも…大2個
A [酢…小さじ½、こしょう…少量]
きゅうり…1本
玉ねぎ…¼個
塩…小さじ⅔
にんじん…⅓本
〈合わせだれ〉

作り方
① じゃがいもは洗って1個ずつラップに包み、電子レンジ（500W）で7〜8分加熱する。熱いうちに皮をむき、つぶしてAを混ぜる。
② きゅうりは小口切り、玉ねぎは薄切りにする。これらをボウルに入れて塩をふり、手でもんで水けをよくしぼる。にんじんは薄いいちょう切りにしてゆでる。
③ ①に②を入れ、〈合わせだれ〉を加えて、さっくりと混ぜ合わせる。

ホクホクが好きならキタアカリ

ポテトサラダには男爵いもが一般的だが、もっとホクホクのポテトサラダを作りたければ「キタアカリ」という品種を使って。男爵よりもホクホクで、舌触りはなめらか。スーパーで「ポテトサラダ用」として売っていることも。じゃがいもをゆでる際に皮つきのまま弱火でじっくり火を通せば、ホクホク感がさらにアップ。ねっとりタイプが好きなら「メークイン」や「インカのめざめ」がおすすめ。

和風のたれ・ドレッシング・ソースを作るのに欠かせない、代表的な材料をご紹介。基本編で紹介した材料にプラスして常備しておくと、料理のレパートリーがグッと広がります。

だし汁

昆布

かつおぶし

料理にうま味やコクを与えたり、くさみを消したりしてくれるのが、だし汁。特に注記がない場合、好みのだしを使用してもOK。基本的には、昆布とかつお節の合わせだしがオススメです。そのほか、料理によっては煮干しだしも。より手軽に作りたい場合は、和風だしの素をお湯で溶かして使ってもよいですが、その場合、塩分が強くなるので、味見をしながら、ほかの調味料の分量を加減してください。

酒・みりん

酒

みりん

料理にうま味やコクを与えたり、くさみを消したりしてくれるのが、酒とみりん。酒は、料理酒でもよいですが、清酒を使うとさらにおいしさがアップ。みりんも、みりん風調味料やみりんタイプ調味料ではなく、本みりんがオススメ。商品のラベルを確認して選びましょう。そのほか、沖縄料理には泡盛を使うと本格的な味わいになります。

その他

大根おろし

梅肉

ゆずこしょう

さっぱりとした味わいの大根おろしや梅干し、梅肉も、和風のたれ・ソース・ドレッシングによく使う材料です。そのほか、練りわさび、練りがらし、粉がらし、ゆずこしょう、山椒などの和スパイスも常備しておきましょう。

乾物

すりごま　　　　いりごま

保存がきく乾物は、いろいろストックしておくと便利。とくに、いりごま、すりごまは和風のたれ・ソース・ドレッシングに欠かせない材料。白ごまと黒ごま、両方常備しておくとよいでしょう。そのほか、赤とうがらし、干ししいけ、青のり、桜えびなどもあると重宝します。

「中華・韓国・その他
エスニックのおかず」の
基本とアレンジ

酢豚

基本の作り方

材料（2人分）
豚ロース厚切り肉…150g
しょうゆ…小さじ2
酒…小さじ1
ピーマン…1個
パイナップル…½缶分（170g）
にんじん…¼本
片栗粉…大さじ2〜3、サラダ油…適量
〈合わせだれ〉
水溶き片栗粉…適量

作り方
①豚ロース肉は食べやすい大きさに切り、しょうゆ、酒をもみ込む。ピーマンはへたと種を取り乱切りに、パイナップルは汁けをきってひと口大に切る。にんじんは、ひと口大の乱切りにして4〜5分ゆで、水けをきる。
②フライパンにサラダ油を熱し、豚肉に片栗粉をまぶして揚げる。
③中華鍋（なければフライパン）にサラダ油を強火で熱し、野菜を炒め、火が通ったら②の豚肉とパイナップルを加えて炒め合わせる。
④〈合わせだれ〉を回しかけ、水溶き片栗粉を加えて混ぜながら、ひと煮立ちさせる。

〈合わせだれ〉

基本の酢豚
材料
砂糖…大さじ3、酢・トマトケチャップ…各大さじ2
しょうゆ…大さじ1、塩…小さじ⅔、水…½カップ
作り方
材料をよく混ぜ合わせ、基本の作り方④で炒めた肉、野菜に回しかけてとろみをつける。

町中華の酢豚
材料
酒・しょうゆ…各大さじ1、砂糖・酢…各大さじ2
塩…少量、水…大さじ½
作り方
材料をよく混ぜ合わせ、基本の作り方④で炒めた肉、野菜に回しかけてとろみをつける。

グレープフルーツジュース入り酢豚
材料
砂糖・トマトケチャップ・水…各大さじ2
酢・グレープフルーツジュース…各大さじ1
しょうゆ…小さじ¼、塩…少量
作り方
材料をよく混ぜ合わせ、基本の作り方④で炒めた肉、野菜に回しかけてとろみをつける。

黒酢酢豚
材料
黒酢…大さじ3、砂糖…大さじ2
しょうゆ…大さじ1、鶏ガラスープ…¼カップ
作り方
材料をよく混ぜ合わせ、基本の作り方④で炒めた肉、野菜に回しかけてとろみをつける。

梅酢豚
材料
しょうがのせん切り…10g
にんにくのみじん切り…小さじ1
赤とうがらし（輪切り）…1本
合わせだれ［酒…大さじ1、砂糖・酢・梅肉…各小さじ2、しょうゆ…小さじ½］
作り方
基本の作り方③で油を熱したら、しょうが、にんにく、赤とうがらしを炒め合わせ、野菜と肉を加えて炒め、〈合わせだれ〉を回しかけてとろみをつける。

定番酢じょうゆだれ

材料
酢…小さじ2、しょうゆ…大さじ1
ラー油…適量
作り方
材料をよく混ぜ合わせる。

梅おろしだれ

材料
大根おろし…½カップ
粗くたたいた梅干し…大1個分
しょうがのすりおろし…½かけ分
塩…小さじ¼
作り方
材料をよく混ぜ合わせる。

炒めにんにくだれ

材料
酢…大さじ1、しょうゆ…⅓カップ
にんにく…2かけ、ごま油…大さじ1
作り方
にんにくは粗みじん切りにし、ごま油でこんがり炒め、酢としょうゆを混ぜ合わせる。

レモン塩だれ

材料
レモン汁…大さじ3
しょうがのすりおろし…½かけ分
ねぎのみじん切り…5cm分
砂糖・塩・こしょう…各少量、水…大さじ1
作り方
材料をよく混ぜ合わせる。

黒酢だれ

材料
黒酢・しょうゆ糀…各小さじ2
作り方
材料をよく混ぜ合わせる。

スイートチリしょうゆだれ

材料
スイートチリソース…大さじ2
しょうゆ…大さじ2
作り方
材料をよく混ぜ合わせる。

基本の作り方

材料（24個分）
豚ひき肉…200g
しょうゆ…大さじ2
酒…大さじ1
ごま油…大さじ⅔
塩・こしょう…各適量

キャベツ…3枚
ねぎ…½本
しょうが・にんにく…各1かけ
ぎょうざの皮…24枚
サラダ油…適量
〈つけだれ〉

作り方
①ボウルに豚ひき肉を入れ、しょうゆ、酒、ごま油、塩、こしょうを加えてよく練り混ぜる。キャベツ、ねぎ、しょうが、にんにくはみじん切りにし、ボウルに加えてよく混ぜ、24等分にする。
②ぎょうざの皮の中央に①をのせ、皮の周囲に水をつけてひだをつけながら包む。
③フライパンにサラダ油を中火で熱し、②の半量を並べて焼く。底に焦げ目がついたら水適量を加えて2〜3分蒸し焼きにし、ふたを取って水けをとばす。残りも同様に焼き、器に盛って〈つけだれ〉を添える。

〈つけだれ〉

オイスターだれ

材料
オイスターソース…大さじ1½
酢…大さじ1
しょうゆ…小さじ1、豆板醤…適量
作り方
材料をよく混ぜ合わせる。

わさびだれ

材料
練りわさび…小さじ½
砂糖・酢…各小さじ1、しょうゆ…小さじ2
ごま油…小さじ1
作り方
材料をよく混ぜ合わせる。

青椒肉絲（チンジャオロースー）

基本の作り方

材料（2人分）
牛赤身肉（焼き肉用）
　…100g
サラダ油
　…大さじ1½
〈もみだれ〉
ピーマン…4個
ゆでたけのこ…50g
ねぎ…5cm
しょうが…1かけ
〈合わせだれ〉
ごま油…適量

作り方
①牛肉は6～7mm幅に切り、〈もみだれ〉をもみ込んで5～10分おく。ピーマンはへたと種を取り縦4～5mm幅に切る。ゆでたけのこも同様に切る。ねぎ、しょうがはみじん切りにする。
②鍋にサラダ油大さじ½を熱して牛肉を入れ、ほぐしながら炒める。肉の色が変わったらねぎ、しょうがを加えて炒め、香りが出たらサラダ油大さじ1を加えて、たけのこ、ピーマンを加えて炒める。
③〈合わせだれ〉を加えて炒め合わせ、仕上げにごま油を加えてさっと炒める。

〈もみだれ〉〈合わせだれ〉
基本の青椒肉絲

材料
もみだれ［酒…大さじ½、しょうゆ…少量
　塩・こしょう…各少量
　溶き卵・サラダ油…各大さじ1
　片栗粉…小さじ1］
合わせだれ［酒…大さじ½
　しょうゆ…小さじ2、オイスターソース・
　水溶き片栗粉…各小さじ1
　水…大さじ½］
作り方
〈もみだれ〉、〈合わせだれ〉はそれぞれ材料をよく混ぜ合わせる。基本の作り方参照。

和風青椒肉絲

材料
もみだれ［しょうがのせん切り…1かけ分
　酒…大さじ½、しょうゆ…大さじ1
　片栗粉…小さじ⅔
　サラダ油…大さじ½ ］
合わせだれ［きび砂糖…小さじ¼
　塩…小さじ¼、こしょう…少量］
作り方
〈もみだれ〉、〈合わせだれ〉はそれぞれ材料をよく混ぜ合わせる。基本の作り方③の仕上げのごま油は入れない。

かに玉

基本の作り方

材料（2人分）
卵…4個　　　　　　サラダ油…大さじ1½
えのきだけ…½袋　　塩・こしょう…各少量
ねぎ…½本　　　　　グリーンピース水煮缶…適量
かに缶…¼缶　　　　〈あん〉
しょうが汁…½かけ分

作り方
①卵はボウルに入れて割りほぐす。えのきだけは石づきを取り、長さを半分に切ってほぐす。ねぎは斜め薄切りにし、かに缶はほぐしておく。
②フライパンにサラダ油大さじ½を熱し、ねぎを炒めて香りが立ったらえのき、かにを加えてさっと炒め、塩、こしょうをふる。粗熱が取れたら卵液に加える。
③フライパンにサラダ油大さじ1を熱し、②を流し入れ、大きく混ぜる。ふんわりと火を通したら器に盛る。
④〈あん〉を上からかけ、グリーンピース水煮を散らす。好みで紅しょうがを添える。

〈あん〉
基本のかに玉あん

材料
干ししいたけの戻し汁（1枚を水で戻したもの）
　と水を合わせて…¼カップ、砂糖・しょうゆ・
　酒・片栗粉…各大さじ1、ごま油…少量
作り方
基本の作り方③で卵を焼いた後の鍋に材料を入れて煮立てる。

甘酢あん

材料
A［しょうゆ…大さじ½
　鶏ガラスープの素…小さじ½
　トマトケチャップ…小さじ2、片栗粉…小さじ2
　砂糖…大さじ¼、水…½カップ
　塩・こしょう…各少量］
B［ごま油…大さじ1、酢…大さじ1½］
作り方
Aを小鍋に入れ、混ぜながら煮立てる。とろみがついたら火を止め、Bを加えて混ぜ、卵の上にかける。

和風かに玉あん

材料
だし汁…大さじ5、砂糖…小さじ1
しょうゆ・塩…各少量、水溶き片栗粉…少量
作り方
だし汁、砂糖、しょうゆ、塩を煮立て、水溶き片栗粉でとろみをつけ、卵の上にかける。

定番スタミナおかずで
ごはんが進む！

レバにら

〈漬け込みだれ〉〈合わせだれ〉

基本のレバにら

材料
漬け込みだれ［酒…小さじ½
　しょうゆ…小さじI
　しょうがのしぼり汁…小さじI
　にんにくのすりおろし…少量
　こしょう…少量］
合わせだれ
　［しょうゆ…小さじI½
　砂糖・酒…各小さじI］
作り方
〈漬け込みだれ〉、〈合わせだれ〉
はそれぞれよく混ぜ合わせてお
く。基本の作り方参照。

みそ風味レバにら

材料
下味［酒・しょうゆ…各大さじI］
合わせ調味料［酒・オイスターソース・
　みそ…各大さじI
　塩・こしょう…各少量］
作り方
〈漬け込みだれ〉、〈合わせ調味料〉は
それぞれよく混ぜ合わせておく。基本
の作り方参照。

基本の作り方
材料（2人分）
鶏レバー…200g　　片栗粉・揚げ油…各適量
〈漬け込みだれ〉　　ごま油…大さじI
にら…I束　　　　〈合わせだれ〉
にんにく…Iかけ　　塩・こしょう…各少量
作り方
①鶏レバーは冷水に漬けて血抜きをして洗う。大き
　めのそぎ切りにし、〈漬け込みだれ〉に漬ける。
②にらは5cm長さに切る。にんにくはみじん切りにす
　る。
③レバーの水けをよくふき片栗粉をまぶし、フライパン
　に揚げ油を2cm深さほど熱し、揚げ焼きにする。
④きれいにしたフライパンにごま油を熱し、にんにく
　を炒め、香りが立ったらにらを加えてさっと炒め
　る。③を加え、〈合わせだれ〉を加えて塩、こしょ
　うで調味する。

ピリ辛レバにら

材料
下味［酒・しょうゆ…各小さじI］
合わせ調味料［しょうゆ…大さじ⅔
　砂糖・豆板醤…各小さじI
　赤とうがらし（小口切り）…½本分
　塩・こしょう…各少量］
作り方
〈漬け込みだれ〉、〈合わせだれ〉はそ
れぞれよく混ぜ合わせておく。基本の
作り方参照。

レバーの臭みを取るには？
レバーをおいしく食べるには血抜き
がポイント。流水で流しながらの血
抜きが一般的だが、このやり方は大
事な栄養素も水に流れ出てしまう。
水の代わりに牛乳を使えば栄養素
の流出を抑えられる。ひたひたの牛
乳に20分ほど漬けておくだけなの
で、手間もかからない。牛乳のほか、
冷めた出がらしの緑茶やおろし玉ね
ぎでも漬けておくだけで臭みが取
れる。揚げ焼きにして加熱時間を短
くするのも、臭みを抑えるコツ。

基本の作り方

材料（2人分）
豚バラ肉…40g　　うずらの卵（水煮）…4個
白菜…3枚　　　　揚げ油…適量
ねぎ…½本　　　　〈合わせだれ〉
えび…50g　　　　水溶き片栗粉…大さじ2
いか…40g　　　　ごま油…小さじ½

作り方
①フライパンに揚げ油を熱し、ひと口大に切った
　豚バラ肉、白菜、1cm幅の斜め切りにしたねぎ、
　下処理をしたえび、短冊切りにしたいかを入
　れ、さっと油通しして油をきる。
②フライパンで①、うずらの卵を炒め合わせ、〈合
　わせだれ〉と水溶き片栗粉を加えて炒め、とろ
　みがついたらごま油を加える。

XO醤
XO とはブランデーの"エクスト
ラオールド"の意味で、最高級
を目指した新しい調味料。実際に
はブラン
デーも材料に含まれないのが一
般的。材料は干しえび、干し貝柱、
金華ハムなど。炒め物やつけだ
れなど、あらゆる料理に使える。
熟成させる工程はなく、ブラン

〈合わせだれ〉

基本の八宝菜

材料
鶏ガラスープ…大さじ4
オイスターソース…大さじ2、紹興酒…大さじ1
しょうゆ…小さじ2、砂糖・塩…各小さじ¼
こしょう…少量
作り方
材料をよく混ぜ合わせる。基本の作り方②で加える。

塩味の八宝菜

材料
酒…大さじ½
オイスターソース…小さじ½
塩…小さじ⅓、砂糖・こしょう…各少量
作り方
基本の作り方②で具材を炒めたら、水¾カッ
プを加えて煮立て、その後によく混ぜ合わせ
た材料を加える。

しょうゆ味の八宝菜

材料
しょうゆ…適量
A［酒…大さじ½、しょうゆ…大さじ1
　　オイスターソース…小さじ½
　　砂糖…少量、こしょう…少量］
作り方
基本の作り方①で豚肉を油通しする前に
しょうゆをよくもみこんでおく。基本の作り
方②で具材を炒めたら、水1カップを加えて
煮立て、Aを加える。

回鍋肉（ホイコーロー）

コク深い
甜麺醤が味の決め手
中華屋さんの味を
おうちでも

〈香味野菜〉
〈合わせだれ〉

町中華の回鍋肉

材料
香味野菜
　［にんにくの薄切り…1かけ分
　赤とうがらし…2本］
合わせだれ［酒…大さじ1
　しょうゆ…大さじ½
　甜麺醤…大さじ3］
作り方
〈香味野菜〉の赤とうがらしは、半分にちぎって種を除く。〈合わせだれ〉は混ぜ合わせておく。

牛カルビの回鍋肉

材料
牛肉（焼き肉用カルビ）…90g
香味野菜
　［にんにくの薄切り…1片分
　豆板醤…小さじ½
　甜麺醤…小さじ1］
合わせだれ［酒…大さじ½
　しょうゆ…小さじ1
　サラダ油…適量］
作り方
基本の作り方②でサラダ油を熱し、豚肉の代わりに牛肉を炒める。焼き色がついたら、牛肉を端に寄せ、〈香味野菜〉を加えて香りが出るまで炒め、全体をよく炒め合わせる。キャベツ、ピーマンを入れて炒め合わせ、〈合わせだれ〉を加えてさらに炒める。

車麩の回鍋肉風

材料
車麩…3個
香味野菜［にんにくのみじん切り・
　しょうがのみじん切り…各1かけ分
　ねぎのみじん切り・ごま油…各適
　量］
合わせだれ［酒…大さじ1
　みそ…大さじ1と½
　豆板醤…小さじ⅓］
作り方
〈合わせだれ〉の材料は混ぜ合わせて溶かしておく。基本の作り方②でフライパンにサラダ油を熱し、〈香味野菜〉を炒め、肉の代わりにひと口大に割った車麩を加え、キャベツ、ピーマンを加えて炒める。

基本の作り方

材料（2人分）
豚こま切れ肉…150g　　サラダ油…大さじ½
キャベツ…3枚　　　　〈香味野菜〉
ピーマン…1個　　　　〈合わせだれ〉

作り方
①豚こま切れ肉は食べやすい大きさに切り、キャベツはざく切りにする。ピーマンはへたと種を取ってひと口大に切る。
②フライパンにサラダ油を熱し〈香味野菜〉を炒め、香りが立ったら豚肉を炒める。色が変わったらピーマンを加えて炒め、キャベツを加えてさらに炒め合わせる。
③キャベツがしんなりしたら〈合わせだれ〉を回し入れ、強火で大きく混ぜるように炒める。

甜麺醤

小麦粉、塩、麹を主な原料とする発酵中華みその一種。加熱すると強い香りが出るため、回鍋肉や麻婆豆腐などのつけだれとしても欠かせない存在で、北京ダックのつけだれとしても欠かせない。野菜炒めなどの隠し味として使えば、味にぐんと奥行きが出る。

基本の作り方

材料（2人分）

豚ひき肉…120g	絹ごし豆腐…1丁
サラダ油…大さじ1	水溶き片栗粉…大さじ½
〈香味野菜〉	ごま油…大さじ¼
〈合わせだれ①〉	花椒・小ねぎの小口切り
水…⅔カップ	…各適量
〈合わせだれ②〉	

作り方

① フライパンにサラダ油を強めの中火で熱し、豚ひき肉をほぐしながら炒める。〈香味野菜〉を加え、香りが出るまで炒める。

② 〈合わせだれ①〉を加えて炒め、水を加えて煮立ったら火を弱め、ふたをして3～4分煮る。

③ 〈合わせだれ②〉を加え混ぜ、煮立ったら、さいの目切りにした絹ごし豆腐を加える。さらに煮立ったら中火にし、水溶き片栗粉を加えて大きく混ぜ、とろみがついたらごま油をふる。

④ 器に盛り、花椒、小ねぎをふる。

豆板醤

そら豆を主な原料とし、他に大豆、とうがらしなどを発酵させて作られる中華の代表的な辛味調味料。炒めものや蒸しものの下味としても使えるほか、揚げものの下味や、調味料として使うこともできる。特有の生っぽさがあるので、しっかり火を通して使うのがコツ。

〈香味野菜〉〈合わせだれ〉

基本の四川マーボー豆腐

材料

香味野菜 [にんにくのみじん切り・
しょうがのみじん切り…各½かけ分
ねぎのみじん切り…¼本分]

合わせだれ① [豆板醤…小さじ1
豆豉…大さじ1、酒…大さじ1]

合わせだれ② [甜麺醤…大さじ1½
しょうゆ…大さじ½]

作り方

〈合わせだれ①〉〈合わせだれ②〉の材料はよく混ぜ合わせておく。基本の作り方参照。

和風マーボー豆腐

材料

香味野菜 [ねぎのみじん切り…½本分
しいたけのみじん切り…2枚分]

合わせだれ [みそ…大さじ1
砂糖…小さじ1、酒…小さじ1
だし汁1¼カップ、しょうゆ…大さじ½
ゆずこしょう…少量]

粉山椒…適量

作り方

基本の作り方②で、よく混ぜ合わせた〈合わせだれ〉を加えて煮立て、水溶き片栗粉を加えてとろみをつけ、絹ごし豆腐を加えて煮立て、器に盛り、粉山椒をふる。

やっぱり棒棒鶏にはごまだれ
白ごまを金ごまにしてもおいしい

〈かけだれ〉

基本の棒棒鶏だれ

材料
砂糖・しょうゆ・酢…各大さじ2
白練りごま…大さじ3
ごま油…大さじ1
作り方
材料をよく混ぜ合わせる。

マヨごまだれ

材料
砂糖…大さじ1⅓、しょうゆ…小さじ2
マヨネーズ…大さじ3
白すりごま…大さじ2
作り方
材料をよく混ぜ合わせる。

みそだれ

材料
砂糖・酢…各大さじ1½
しょうゆ…大さじ2
白練りごま…大さじ2½
みそ…大さじ1、ごま油…大さじ1
白いりごま…小さじ1
作り方
材料をよく混ぜ合わせる。

基本の作り方

材料（2人分）
鶏胸肉…1枚
きゅうり…1本
トマト…½個
レタス…2枚
〈かけだれ〉
作り方
①鶏胸肉は5〜7分ゆでる。ふたをして30分おいて冷まし、
　1cm幅に切る。
②きゅうりは板ずりし、せん切りにする。トマトは薄切りにし、
　レタスは細切りにする。
③①、②を器に盛り、〈かけだれ〉をかける。

金ごまでリッチに

ソフトな風味で万能選手の白ごまと、独特の風味の強い黒ごま。この2種のかけ合わせで生まれた金ごまは、香り高く、コク深いのが特徴。油分の含有量もいちばん多い。棒棒鶏のかけだれとして金練りごまを使えば一段とリッチな味わいになる。

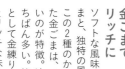

基本の作り方

材料（4人分）

シューマイの皮…20枚	えび…70g
玉ねぎ…1/4個	豚ひき肉…300g
片栗粉…少量	〈合わせだれ〉
しいたけ…2枚	〈つけだれ〉

作り方

①玉ねぎ、しいたけはみじん切りにする。玉ねぎには片栗粉
　をまぶしておく。
②えびは殻をむいて背わたと尾を取り、塩、片栗粉、水各少
　量（すべて分量外）を加えて軽くもみ、汚れを落として水
　けをよくふき取り、粗みじん切りにする。
③ボウルに豚ひき肉とえびを入れてよく練り、①、〈合わせだ
　れ〉を加えてよく混ぜる。
④シューマイの皮に③のたねをのせ、肉だねを押さえながら
　軽くしぼるようにして包む。
⑤蒸し器に④を入れ、強火で8〜10分蒸す。好みの〈つけ
　だれ〉を添える。

〈合わせだれ〉

基本のシューマイ

材料
砂糖…小さじ2、しょうゆ…小さじ2
塩…小さじ3/5、こしょう…少量
ごま油…小さじ2
オイスターソース…小さじ1/2
作り方
材料をよく混ぜ合わせる。

チーズ入りシューマイ

材料
酒…大さじ1、しょうゆ…小さじ1
塩…小さじ1/2、こしょう…少量
片栗粉…大さじ1、スライスチーズ…4枚
溶き卵…1/2個分
作り方
スライスチーズを小さく切り、
残りの材料とよく混ぜ合わせる。

〈つけだれ〉

ナンプラーだれ

材料
砂糖…大さじ1、ナンプラー・酢・水…各大さじ2
しょうがのせん切り・
　にんにくのすりおろし…各小さじ1/2
赤とうがらしの小口切り…1本分
作り方
材料をよく混ぜ合わせる。

しょうが風味のたれ

材料
しょうゆ…大さじ5
鶏ガラスープ…大さじ1 1/2
しょうが汁…大さじ1、白すりごま…大さじ2
作り方
材料をよく混ぜ合わせる。

赤じそだれ

材料
酢…大さじ4、赤じそふりかけ…小さじ2
白いりごま…適量
作り方
材料をよく混ぜ合わせる。

にんにくヨーグルトだれ

材料
砂糖…小さじ1 1/2、しょうゆ…大さじ1 1/3
ヨーグルト（無糖）…大さじ4
にんにくのすりおろし…小さじ2
作り方
材料をよく混ぜ合わせる。

XO醤だれ

材料
しょうゆ・酢…各大さじ3
XO醤・豆板醤…各小さじ1
にんにくのすりおろし…1かけ分
ごま油…大さじ2
作り方
材料をよく混ぜ合わせる。

油淋鶏 _{ユーリンチー}

〈かけだれ〉

基本の油淋鶏のたれ

材料
しょうゆ・砂糖・酢・水…各大さじ1
ねぎのみじん切り…大さじ1
ごま油…大さじ½
しょうがのみじん切り・
　にんにくのみじん切り…各小さじ½

作り方
材料を混ぜ合わせ、揚げたての油淋鶏にかける。

トマトだれ

材料
しょうゆ・酢・砂糖…各大さじ½
ねぎのみじん切り…5cm分
しょうがのみじん切り・
　にんにくのみじん切り…各大さじ½
トマトの角切り…1個分

作り方
材料を混ぜ合わせ、揚げたての油淋鶏にかける。

基本の作り方

材料（2人分）

鶏もも肉…1枚	小麦粉…大さじ2
酒…大さじ2	サラダ油…大さじ1
しょうゆ…大さじ1	揚げ油…適量
こしょう…少量	〈かけだれ〉

作り方
① 鶏肉は横半分に切り、筋切りをする。ボウルに入れて酒、しょうゆ、こしょうを加え、手でしっかりともみ込み、10分ほどおく。
② ①の鶏肉に小麦粉を加え、全体にやさしくまぶす。さらにサラダ油を加えてからめる。
③ フライパンに揚げ油を高さ1cmくらいまで入れ、中火にかける。油の温度の低いうちに鶏肉の皮目を下にして入れ、4〜5分揚げる。こんがりと焼き色がついたら裏返し、同様に2分ほど揚げる。
④ 全体がこんがりとしたら揚げ網などにいったん取り出す。再び同じ揚げ油に入れ、裏返しながら1分ほど揚げる。
⑤ 鶏肉を取り出して油をきり、そのまま5分ほどおく。食べやすい大きさに切って器に盛り、〈かけだれ〉をかける。

エビチリ

基本の作り方

材料（2人分）
えび…150g
塩、こしょう
　…各少量
サラダ油…適量
〈ソース〉

作り方
①えびは下ごしらえして塩、こしょうをふる。サラダ油でさっと炒めて取り出す。
②〈ソース〉をフライパンで煮立て、ひと煮立ちしたらえびを戻し入れて煮る。

〈ソース〉

基本のエビチリ

材料
玉ねぎのみじん切り…½個分
にんにくのみじん切り…1かけ分
サラダ油…大さじ1、豆板醤…大さじ½
砂糖…大さじ½
A［しょうゆ…大さじ1
　トマトケチャップ…大さじ3］
B［顆粒チキンスープの素…小さじ½
　水…½カップ、片栗粉…小さじ1］

作り方
①フライパンにサラダ油を入れ、にんにくと豆板醤を弱火で炒めて香りを出す。玉ねぎを加え中火で炒め、透き通ってきたら砂糖を加え、強火でさっと炒め合わせる。
②つやが出てきたらAを加え混ぜながら煮詰め、へらで混ぜたときに底が見えるくらい水分が飛んだら火を止め、よく混ぜ合わせたBを加える。

本格エビチリ

材料
A［酒…大さじ½、しょうゆ…大さじ½］
ねぎのみじん切り…5cm分
しょうがのみじん切り…1かけ分
にんにくのみじん切り…1かけ分
サラダ油…大さじ1
B［酒…小さじ2、しょうゆ…大さじ1
　トマトケチャップ…大さじ1
　砂糖…大さじ½強
　オイスターソース…小さじ½
　豆板醤…小さじ¼］

作り方
基本の作り方①の塩、こしょうの代わりにAをえびにからめ、10～15分おく。フライパンにサラダ油を熱し、ねぎ、しょうが、にんにくを弱火で炒める。香りが出たら、混ぜ合わせたBを加えて少し煮詰める。基本の作り方②で加え、仕上げる。

春巻き

基本の作り方

材料（4人分）
豚バラ薄切り肉…200g
卵白…少量
酒…大さじ2
しょうゆ…小さじ1
にんじん…1本
ゆでたけのこ…1個
しいたけ…2～3枚
ピーマン…2個
サラダ油…大さじ1
春巻きの皮…16枚
〈合わせだれ〉
水溶き片栗粉…適量
揚げ油…適量
〈つけだれ〉

作り方
①豚肉は細切りにしてボウルに入れ、卵白、酒、しょうゆを加えてよくもみ込む。にんじん、ゆでたけのこ、しいたけ、ピーマンはせん切りにする。
②フライパンにサラダ油を熱し、豚肉、野菜を順に入れてしんなりするまで炒め、〈合わせだれ〉で調味し、水溶き片栗粉でとろみをつけて、取り出して冷ます。
③②を16等分して春巻きの皮で包み、包み終わりに皮の縁にサラダ油少量（分量外）をつけてとめる。
④揚げ油を170℃に熱し、春巻きを4本ずつ入れて全体がきつね色になるまで揚げる。器に盛り、〈つけだれ〉を添える。

〈合わせだれ〉

基本の春巻き

材料
酒…大さじ1、砂糖…小さじ1、しょうゆ…大さじ1½
オイスターソース…小さじ2、鶏ガラスープの素…小さじ½
こしょう…少量、水…1カップ
作り方
材料をよく混ぜ合わせ、基本の作り方②で加える。

みそ風味春巻き

材料
みそ…大さじ4、酒…大さじ2、砂糖…大さじ1、しょうゆ…小さじ1
作り方
材料をよく混ぜ合わせ、基本の作り方②で加える。

〈つけだれ〉

チリだれ

材料
A［鶏ガラスープ…¾カップ、トマトケチャップ…大さじ4
　酒…大さじ1½、砂糖…大さじ1、豆板醤…大さじ½
　塩…小さじ¼、こしょう…少量］
ねぎのみじん切り…大さじ1、にんにくのみじん切り・
　しょうがのみじん切り…各小さじ1、サラダ油…大さじ1
酢…少量、水溶き片栗粉…適量
作り方
Aは混ぜ合わせておく。小鍋にサラダ油を熱し、ねぎ、にんにく、しょうがを炒め、Aを加えてひと煮立ちしたら酢を加え、水溶き片栗粉を入れてとろみをつけ、基本の作り方④で春巻きに添える。

生春巻き

作るのは意外と簡単
エスニックな
調味料をつけるとおいしい

〈つけだれ〉

ナンプラーだれ

材料
ナンプラー・レモン汁…各大さじ1
はちみつ…小さじ2
赤とうがらしの小口切り…1本分
にんにくのみじん切り…1かけ分
作り方
材料をよく混ぜ合わせる。

スイートチリだれ

材料
酢・砂糖・水…各大さじ2
ナンプラー…小さじ1
にんにくのすりおろし…小1かけ分
生とうがらし…½〜1本
水溶き片栗粉…小さじ1弱
作り方
生とうがらしは袋に入れてよくつぶす。材料を耐熱容器に入れてよく混ぜ合わせ、電子レンジ（500W）で1分ほど加熱する。よく混ぜて片栗粉が透明になったら火が通っている。さらに20〜30秒加熱して混ぜる。

甜麺醤だれ

材料
甜麺醤…大さじ1
ナンプラー…小さじ2、水…小さじ1
ピーナッツ（細かく刻んで）…適量
作り方
材料をよく混ぜ合わせる。

基本の作り方

材料（2人分）
えび…4尾　　　　　　貝割れ菜…½パック
きゅうり…½本　　　〈つけだれ〉
ライスペーパー…4枚

作り方
① えびはさっとゆで、殻をむいて厚みを半分に切っておく。きゅうりは縦に細切りにする。
② ライスペーパーは、それぞれ両面に霧吹きで水を吹きかけて大きめの皿に広げる。
③ えび、きゅうり、貝割れ菜を¼量ずつライスペーパーで巻き、食べやすい大きさに切る。器に盛り、〈つけだれ〉をつけて食べる。

スイートチリ

ぴりっとした辛味に、甘さと酸味が加わったソース。甘みが強いのに抵抗があれば、砂糖の量を少し減らしてもよい。生春巻き以外にも、マヨネーズやごま油などを加えてサラダのドレッシングとして使ったり、肉を漬け込んで下味として使ったりしてもおいしい。ここでは手作りのレシピを紹介したが、市販もされており、一本持っておくと味のレパートリーがぐんと広がる。

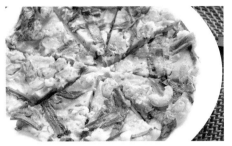

チヂミ

基本の作り方

材料（4人分）
にら…40g
にんじん…¼本
卵…2個
白玉粉・小麦粉
　…各大さじ2
塩・こしょう…各少量
むきえび…80g
ごま油…小さじ2
〈つけだれ〉

作り方
①にらは4cm長さのざく切りに、にんじんは細切りにする。
②ボウルに卵、白玉粉、小麦粉、塩、こしょうを入れてよく混ぜ合わせ、①、水けをきったむきえびを加え混ぜる。
③フライパンにごま油を熱し、②を入れて中火で両面を焼き、切り分けて器に盛り、〈つけだれ〉をつけて食べる。

〈つけだれ〉

コチュレモンだれ

じゃがいも、海鮮系のチヂミに

材料
レモンの薄い輪切り…2枚
コチュジャン・水…各大さじ1
作り方
材料をよく混ぜ合わせる。

甘辛マヨだれ

ねぎ、海鮮系のチヂミに

材料
玉ねぎのみじん切り…大さじ1
焼き肉のたれ（市販品）…大さじ2
マヨネーズ…大さじ1
作り方
材料をよく混ぜ合わせる。

コチュみそだれ

じゃがいも、海鮮系のチヂミに

材料
コチュジャン・みそ…各大さじ½
青じそのみじん切り…2枚分、水…大さじ1
作り方
材料をよく混ぜ合わせる。

甘辛しょうがだれ

海鮮系のチヂミに

材料
酢…小さじ1、しょうがのせん切り…1かけ分
焼き肉のたれ（市販品）…大さじ2
作り方
材料をよく混ぜ合わせる。

チャプチェ

基本の作り方

材料（2人分）
にんじん…¼本
ピーマン…½個
春雨（あれば韓国春雨）…50g
牛薄切り肉…150g
〈合わせだれ〉
塩・こしょう・サラダ油…各適量
作り方
①にんじん、ピーマンはせん切りにする。春雨は熱湯で戻してざく切り、牛薄切り肉は細切りにする。
②牛薄切り肉に〈合わせだれ〉をもみ込む。
③フライパンに油を熱し、にんじん、ピーマン、牛肉を炒めてボウルに入れ、春雨を加えて混ぜ合わせる。塩、こしょうで味を調える。

〈合わせだれ〉

基本のチャプチェ

材料
しょうゆ…大さじ1½
酒・砂糖・ごま油…各大さじ½
にんにくのみじん切り…1かけ
こしょう…少量
作り方
材料を混ぜ合わせ、牛肉にもみ込む。野菜と肉をたれごと炒め、春雨と混ぜ合わせ、最後に塩で味を調える。

さっぱりチャプチェ

材料
しょうゆ・みりん・水…各大さじ½
作り方
材料を合わせてフライパンで煮立て、基本の作り方①、②の具材を炒める。汁けがなくなるまで炒め、塩、こしょうで味を調える。

焼き肉

たれを手作りすれば
おうち焼き肉が
グレードアップ！

〈漬け込みだれ〉

しょうゆベース

鶏肉など

材料
しょうゆ…大さじ2、赤ワイン・
　りんごのすりおろし…各大さじ1
はちみつ・ごま油…各小さじ1、こしょう…少量
作り方
材料をよく混ぜ合わせ、肉を漬け込む。

みそベース

豚肉など

材料
みそ・しょうゆ・みりん・砂糖・ごま油・
　白すりごま…各大さじ1、酢…大さじ½
にんにくのみじん切り…1かけ分
粉とうがらし・こしょう…各少量
作り方
材料をよく混ぜ合わせ、肉を漬け込む。

ごま油・にんにくベース

牛肉など

材料
しょうゆ・酒・ごま油…各大さじ2
砂糖・りんごジュース・赤ワイン…各大さじ1
白いりごま…大さじ1½、にんにくのすりおろし…1かけ分
八角・粉とうがらし・こしょう…各少量
作り方
材料をよく混ぜ合わせ、肉を漬け込む。

ケチャップベース

レバーなど

材料
トマトケチャップ…大さじ4½
ウスターソース…大さじ1、酒…小さじ2
サラダ油…小さじ2、赤とうがらし…2本
玉ねぎ…中⅓個、ピーマン…½個
にんにく…½かけ
作り方
玉ねぎ、ピーマンは輪切り、にんにくは薄切りに
する。材料をよく混ぜ合わせ、肉を漬け込む。

〈つけだれ〉

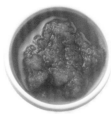

おろしだれ

材料
だし汁・しょうゆ・ポン酢しょうゆ
　…各大さじ1½、
大根おろし…½カップ
作り方
大根おろしは軽く水けをきる。
すべての材料をよく混ぜ合わせる。

甘辛だれ

材料
しょうゆ・コチュジャン…各大さじ1½
酒・砂糖・ねぎのみじん切り・
　りんごジュース…各大さじ1
白いりごま…大さじ½、ごま油…小さじ2
しょうがのしぼり汁・にんにくのすりおろし・
　レモン汁…各小さじ1、こしょう…少量
作り方
材料をよく混ぜ合わせる。

塩だれ

材料
塩・にんにくのすりおろし…各小さじ1
ねぎのみじん切り…大さじ2
ごま油…大さじ1、粗びき黒こしょう…少量
作り方
材料をよく混ぜ合わせる。

ケチャップだれ

材料
洋風スープ・しょうゆ…各¼カップ
ウスターソース・トマトケチャップ・
　ラー油…各大さじ1
作り方
材料をよく混ぜ合わせる。

チリだれ

材料
しょうゆ・ポン酢しょうゆ…各¼カップ
チリソース（市販品）・酒…各大さじ1
みりん…小さじ2
作り方
材料をよく混ぜ合わせる。

植物油

炒め油、揚げ油、風味づけなど、料理において重要な役割を果たす。植物油に含まれる脂質は、糖質、たんぱく質と並ぶ三大エネルギー源のひとつで、なかでも最も効率よくエネルギーが摂取できる。食材をコーティングすることでうま味を閉じ込める効果や、淡泊な食材でもおいしく食べられる効果がある。

菜種油

サラダ油の主な原料で、さっぱりとクセのない味わい。サラダ油に使われるものはキャノーラ油といって、カナダでサラダ油用に品種改良されたもの。

えごま油

現代人に不足しがちなα-リノレン酸を豊富に含む油。えごまの種子をしぼって精製したもの。ドレッシングや和えものなど、非加熱で使うのがおすすめ。

ココナッツオイル

ココヤシの果実からとれる油。東南アジアなどでは料理の炒め油や揚げ油として使われる。体によいとされる中鎖脂肪酸を豊富に含むことから、日本でも健康食品としても注目されている。

グレープシードオイル

ワインづくりで不要となったぶどうの種からしぼり取られた油。非常にさらっとした質感で、くせがなく、万能に使える。油が汚れにくいため、揚げ油としても優秀。

コーン油

特有のコクと風味が特徴。ドレッシングやマヨネーズなどにも使われるが、加熱に強く、揚げ油などにも向く。マーガリンの材料でもある。

ヒマワリ油

くせがないため、ドレッシングや炒め油、揚げ油など幅広く使える。リノール酸が多く含まれているため、血中コレステロール値を下げる効果も期待できる。

ごま油

ごま油は種類によって味や香りが様々で、中国、韓国、日本などのアジア各国料理に幅広く使われる。天然の抗酸化成分を含むため、酸化しにくいのも特徴。体の組織を正常に機能させるリノール酸や、悪玉コレステロール値を下げるオレイン酸が豊富に含まれるなど、健康効果も期待できる。

白

生のままのごまをしぼって取れる油で、コクとうま味が豊富。くせがなく、和食や洋食、お菓子作りと幅広く使える。

焙煎

最も一般的なごま油。独特の香ばしさが特徴で、炒め油や揚げ油のほか、料理の香りづけとしてそのまま加えてもよい。

黒

黒ごまをしぼったためずらしいごま油で、黒ごま独特の味わいが特徴。淡白な料理にそのままかけて香りを楽しむのがおすすめ。

玉締めしぼり

焙煎したごま油を玉締め機という機械でゆっくりとしぼったもの。圧搾するときの摩擦熱が非常に少ないため、ごま本来の香りが非常に豊かで、透明度の高い琥珀色の油になる。

「ごはんもの・主食」の
基本とアレンジ

おにぎり

青じそしらすのゆずこしょう

2人分（4個分）
しょうゆ…小さじ1/2、しらす…大さじ4
青じそのせん切り…4枚分
ゆずこしょう…少量、ごはん…約400g
作り方
ごはんに材料を混ぜ合わせ、おにぎりにする。
ゆずこしょうの量は好みで調節する。

アボカド鮭

2人分（4個分）
アボカド（1cm角に切る）…1/4個
さけフレーク…80g、マヨネーズ…大さじ1
こしょう…少量、ごはん…約400g
作り方
ごはんに材料を混ぜ合わせ、おにぎりにする。

〈具〉 梅おかかおにぎり

2人分（4個分）
梅干し…中4個、かつお節…3g
しょうゆ・うま味調味料…各少量
ごはん…約400g
作り方
梅干しの種を除き、包丁でたたいてペースト状にする。かつお節、しょうゆ、うま味調味料を混ぜ、さらにたたく。ごはんの中心にいれ、おにぎりにする。

焼きおにぎり

マヨネーズしょうゆ

2人分（4個分）
しょうゆ…小さじ2、マヨネーズ…大さじ2
作り方
材料をよく混ぜ合わせ、おにぎりに塗って焼く。

ごまみそ

2人分（4個分）
淡色みそ・みりん・砂糖…各大さじ1
白いりごま…小さじ2
作り方
材料をよく混ぜ合わせ、おにぎりに塗って焼く。

ねぎみそ

2人分（4個分）
麦みそ・みりん・砂糖・
　小ねぎのみじん切り…各大さじ1
作り方
小ねぎは水にさらし、水けをきる。残りの材料とよく混ぜ合わせ、おにぎりに塗って焼く。

くるみみそ

2人分（4個分）
淡色みそ…大さじ1、くるみの粗みじん切り…4個分
砂糖…大さじ1、みりん…大さじ1 1/2
作り方
材料をよく混ぜ合わせ、おにぎりに塗って焼く。

中華風みそ

2人分（4個分）
甜麺醤…大さじ1、豆板醤…小さじ1 1/2
砂糖・みりん…各大さじ1
作り方
材料をよく混ぜ合わせ、おにぎりに塗って焼く。

〈合わせだれ〉 バターしょうゆ

2人分（4個分）
しょうゆ・バター…各大さじ2
作り方
材料をよく混ぜ合わせ、おにぎりに塗って焼く。

さんしょうじょうゆ

2人分（4個分）
しょうゆ…大さじ2、粉ざんしょう…適量
作り方
材料をよく混ぜ合わせ、おにぎりに塗って焼く。

梅肉じょうゆ

2人分（4個分）
薄口しょうゆ…小さじ1/2
梅干し…1個、みりん…小さじ1
あさつきのみじん切り…大さじ1/2
作り方
梅干しは種を取り除き、裏ごしする。材料を混ぜ合わせ、おにぎりに塗って焼く。

78

しょうゆ

日本を代表する調味料といえばやはりしょうゆ。美しい色とふくよかな香り、甘味、酸味、塩味、苦味、うま味という〝五元味〟を持ち合わせた類まれなる万能調味料。この独特の香りやうま味を生かすためには、味つけの最後のほうに加えるのが調理のコツ。

濃口

最も一般的なしょうゆ。明るい赤褐色と豊かな香りが特徴。加熱調理のほか、つけしょうゆ、かけしょうゆに使う。

たまり

とろみとコクのある味、独特の香りが特徴。加熱することで美しい赤色になるので、照り焼きやせんべいに使われる。刺身しょうゆとして使ってもなじみがよい。

淡口（薄口）

濃口よりも塩分が高く、色が淡いのが特徴。食材の色を生かしたいお吸いものなどに。

再仕込み

二度醸造するような製法をとるため、色、味、香りともに濃厚。つけしょうゆ、隠し味に使われる。「甘露しょうゆ」とも呼ばれる。

白

淡口しょうゆと同程度の塩分で、色はさらに薄い。発酵が浅いため味は淡泊だが、特有の香りがあり、お吸いものや茶碗蒸しなどに使われる。

魚醤（ぎょしょう）

文字どおり、魚のしょうゆのことで、魚介類を発酵させてつくる液体調味料。日本では古くから魚醤をつくる文化があったが、大豆しょうゆの台頭で一部地域を残し、すたれていった。しかし残った地域では、今も郷土食に欠かせない調味料である。独特の香りは好き嫌いが分かれるが、熱を加えることでやわらぎ、うま味が際立ってくる。隠し味として非常に優秀な調味料。

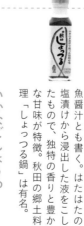

しょっつる

魚醤汁とも書く。はたはたの塩漬けから浸出した液をこしたもので、独特の香りと豊かな甘味が特徴。秋田の郷土料理「しょっつる鍋」は有名。

いかなごしょうゆ

瀬戸内の魚、いかなごからつくられ、日本最古の魚醤ともいわれる。豆腐や刺身のつけしょうゆとしても。

いしり

富山名産で、いわしやいかからつくられる。野菜炒めの隠し味や、肉料理にもよく合う。

ナンプラー

タイを代表する調味料。独特の香りと濃厚なうま味が特徴。

炊飯釜に入れて炊くだけで簡単！香ばしい香りが食欲をそそる

基本の作り方

材料（4人分）
米…2合
〈合わせだれ〉
〈具〉

作り方
①米2合はといで炊飯器に入れ、2合の目盛りに合わせて水を入れ、30分〜1時間ほど浸水させる。
②①に〈合わせだれ〉を加えてざっと混ぜ、〈具〉を米の上に乗せ、炊飯する。炊き上がったら7〜8分蒸らし、しゃもじで上下を返すようにさっくりと混ぜ合わせる。

さんまの炊き込みごはん オリーブ油風味

材料
合わせだれ［塩…小さじ½ 酒…大さじ2、昆布（5cm角）…2枚］
具［さんま…2尾］
A［オリーブ油…大さじ2 すだちのしぼり汁…2〜3個分］

作り方
さんまは、頭、内臓を取って洗い、塩をして水けをふき、両面をグリルなどで焼いておく。基本の作り方参照。昆布は汚れをふいて米の上にのせ、炊き上がったら取り出す。出来上がったらAをかけていただく。

〈合わせだれ〉〈具〉

基本の炊き込みごはん

材料
合わせだれ［酒…大さじ1½ しょうゆ…小さじ1½、塩…少量］
具［鶏もも肉…½枚、油揚げ…½枚 まいたけ…½パック、にんじん…⅓本］

作り方
鶏肉は1cm角に切る。油揚げは油抜きをし、1cm角に切る。まいたけは石づきを取って食べやすい大きさに切り、にんじんは7〜8mm角に切る。基本の作り方参照。

栗ごはん

材料
合わせだれ［酒…大さじ1 塩…小さじ⅔、みりん…大さじ1½］
具［栗…20粒］

作り方
栗は渋皮をむいておく。〈合わせだれ〉、〈具〉を基本の作り方②で加え、炊飯する前に全体を混ぜ合わせる。

豚バラ肉と明太子の炊き込みごはん

材料
合わせだれ［酒…大さじ1 鶏ガラスープの素…小さじ½］
具［からし明太子…½腹、豚バラ薄切り肉…100g］

作り方
豚肉は1cm幅に切っておく。基本の作り方参照。

豆ごはん

材料
合わせだれ［塩…小さじ1 酒…大さじ1、昆布（5cm角）…1枚］
具［グリンピース…150g〜200g （正味約75g〜100g）］

作り方
グリンピースはさやから出して水でざっと洗う。基本の作り方参照。昆布は汚れをふいて米の上にのせ、炊き上がったら取り出す。

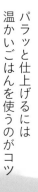

〈合わせだれ〉

基本のチャーハン

材料
しょうゆ…小さじ1

作り方
基本の作り方参照。

タイ風チャーハン

材料
ナンプラー…大さじ¾
砂糖…小さじ¼

作り方
材料をよく混ぜ合わせる。基本の作り方③で加える。

XO醤チャーハン

材料
XO醤…大さじ1
しょうゆ…大さじ½
鶏ガラスープ…大さじ1½
しょうがのみじん切り…小さじ½
酒・ごま油…各大さじ½

作り方
材料をよく混ぜ合わせる。基本の作り方③で加える。

キムチチャーハン

材料
白菜キムチ…150g
しょうゆ…大さじ¼

作り方
キムチはみじん切りにし、しょうゆと混ぜ合わせる。基本の作り方④で加える。

焼き肉のたれ
チャーハン

材料
焼肉のたれ（市販品）…大さじ2
白いりごま…大さじ1

作り方
材料をよく混ぜ合わせる。基本の作り方③で加える。

基本の作り方

材料（2人分）
ハム…4枚
サラダ油…大さじ1
溶き卵…1個分
温かいごはん…400g

塩…小さじ½
こしょう…少量
〈合わせだれ〉
小ねぎのみじん切り…⅓本分
しょうがのみじん切り…½かけ分

作り方
① ハムは5mm角ぐらいに切る。
② フライパンにサラダ油を熱し、溶き卵を流し入れて手早くかき混ぜる。半熟状になったらごはんを加えて一度返し、あとはゴムべらで焼きつけながら炒める。卵に火が通ったら、ハム、塩、こしょうを入れて炒め合わせる。
③ 全体にばらりとし始めたら、鍋肌から〈合わせだれ〉を入れてなじませる。
④ 小ねぎ、しょうがを加えて混ぜ合わせ、器に盛る。

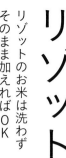

リゾット

リゾットのお米は洗わず
そのまま加えればOK

基本の作り方

材料（2人分）

米…½合　　　〈酒〉
〈炒め油〉　　〈スープ〉
〈香味野菜〉　好みの具材

作り方

① フライパンに〈炒め油〉を熱し、〈香味野菜〉を加えて香りが立つまで炒める。
② 米を加えて炒め、半透明になったら〈酒〉を注いで強火で水けを飛ばすように炒める。好みの具材を加えて炒め合わせる。
③ 〈スープ〉を⅓量ずつ2回に分けて加え、水けを飛ばしながら強火で炒める。残りの〈スープ〉を入れ、ふたをして弱めの中火で8〜10分ときどき混ぜながら煮て、器に盛る。

クリームリゾット

材料

炒め油 [バター…大さじ½]
香味野菜 [玉ねぎのみじん切り…⅛個分
　にんにくのみじん切り…½かけ分]
酒 [白ワイン…¼カップ]
スープ [チキンブイヨン…2カップ
　生クリーム…大さじ5]

作り方

基本の作り方参照。最後に好みで粉チーズ、こしょう各適量（分量外）をふる。

トマトのリゾット

材料

炒め油 [オリーブ油…適量]
香味野菜 [にんにく…½かけ
　玉ねぎのみじん切り…½個分]
酒 [白ワイン…大さじ2]
スープ [チキンブイヨン…2カップ
　カットトマト水煮（缶詰）…100g]

作り方

にんにくはつぶしておく。基本の作り方参照。

和風桜えびのリゾット

材料

炒め油 [サラダ油…小さじ2]
香味野菜 [長ねぎのみじん切り…¼本分]
酒 [酒…大さじ3]
スープ [だし汁…1½カップ
　しょうゆ…大さじ1⅓
　干し桜えび…大さじ4〜5]

作り方

基本の作り方参照。最後に塩適量（分量外）を加え、好みで刻みのりを散らす。

カレーリゾット

材料

炒め油 [バター…大さじ½]
香味野菜 [玉ねぎのみじん切り…¼個分]
酒 [白ワイン…大さじ2]
スープ [カレールウ…15g、水…1½カップ
　こしょう…少量]

作り方

基本の作り方参照。

グラタン

基本の作り方

材料（2人分）
ほうれん草…½束　　小麦粉…小さじ1
玉ねぎ…½個　　　　サラダ油…適量
しめじ…½パック　〈ソース〉
鶏もも肉…½枚　　　粉チーズ…適量
白ワイン…大さじ1　塩・こしょう…各適量
バター…10g

作り方
① ほうれん草は軽くゆで、3cm長さに切って塩、こしょうを多めにふり、バターを薄く塗った耐熱容器に敷く。
② 玉ねぎは薄切りにし、しめじは石づきを取り、小房に分ける。鶏もも肉はひと口大に切り、塩、こしょう各少量、小麦粉をまぶす。
③ フライパンにサラダ油を熱し、鶏肉を皮目から先に両面を焼く。火が通ったら玉ねぎ、しめじを加えてしんなりするまで炒め、白ワインをふり、ふたをして軽く蒸す。
④ ③に〈ソース〉を加え混ぜ、火を止める。①の耐熱容器に入れ、粉チーズをふり230℃のオーブンで10〜15分焼く。

〈ソース〉

基本のグラタン

材料
A［小麦粉…大さじ2½
　　顆粒スープの素…大さじ½、塩…小さじ½］
牛乳…1½カップ
B［バター…大さじ1⅔、こしょう…少量］

作り方
小鍋にAを入れ、火にかけずに泡立て器で混ぜる。牛乳を加えながらよく混ぜ、均一になったら中火にかける。泡立て器で混ぜながら2分弱温め、Bを加え、泡立てないように混ぜて溶かす。ゴムべらに持ちかえてさらに煮て、もったりとして、とろみがついたら火を止め、ふたをして冷ます。基本の作り方④で加える。

みそマヨグラタン

材料
みそ・マヨネーズ…各大さじ2
砂糖…大さじ1

作り方
材料をよく混ぜ合わせ、基本の作り方④で耐熱容器に移した具材の上にかけ、粉チーズをふってオーブンで焼く。

ドリア

基本の作り方

材料（2人分）
温かいごはん…350g　〈ソース〉
バター…小さじ1　　　ピザ用チーズ…80g
塩・こしょう…各少量　パセリのみじん切り…小さじ1

作り方
① 温かいごはんにバターと塩、こしょうを加えて混ぜ、バターを溶かす。
② 耐熱容器にバター（分量外）を薄く塗り、①のごはんを入れて〈ソース〉をかけ、チーズをのせてパセリを散らす。
③ オーブントースターで約10分焼き、途中で表面が焦げてきたらアルミホイルをかぶせる。

〈ソース〉

なすのミートドリア

材料
なす…3本
にんにくのみじん切り…½かけ分
玉ねぎのみじん切り…¼個分
ミートソース缶…1缶
オリーブ油…大さじ2

作り方
フライパンにオリーブ油を熱し、ひと口大に切ったなす、にんにく、玉ねぎを炒める。なすがしんなりしたら、ミートソースを加えて煮る。基本の作り方②でごはんの上にかける。

カレードリア

材料
カレー粉…小さじ1、小麦粉…大さじ1
固形スープの素…½個
湯…⅔カップ
生クリーム…½カップ
バター…大さじ1、塩・こしょう…各適量

作り方
フライパンにバターを溶かし、カレー粉、小麦粉を加えて混ぜ、スープ（固形スープの素を分量の湯で溶いたもの）を加えて溶きのばす。生クリームを加え混ぜ、塩、こしょうで味を調える。基本の作り方②でごはんの上にかける。

カレー

おうちでもスパイスたっぷり
本格カレーをどうぞ

基本のカレーライス

材料（4人分）
豚角切り肉…400g
玉ねぎ…1個
にんじん…1本
じゃがいも…大2個
にんにくのみじん切り…1かけ分
しょうがのみじん切り…½かけ分
A［カレー粉…小さじ⅔
　　塩・こしょう…各少量］
カレールウ…100g
ローリエ…2枚
塩・こしょう…各適量
サラダ油…大さじ1
バター…大さじ1
温かいごはん…適量

作り方
① 豚肉はAを加え、もみ込む。玉ねぎはくし形に切り、にんじんは乱切りにする。じゃがいもはひと口大に切り、水にさらして水けをきる。
② フライパンにサラダ油を熱してバターを溶かし、豚肉を入れて表面に焼き色がつくまで炒める。にんにく、しょうがを炒め、香りが立ったら野菜を加えて炒め合わせる。
③ 水4カップを加え、煮立ったらアクを取り、ローリエを加えてふたをし、弱火で15〜20分煮る。
④ 火を止めてカレールウを溶かし、再び火にかけて弱火で5分ほど煮る。塩、こしょうで調味し、ごはんとともに器に盛る。

酒粕入りカレー

材料（4人分）
温かいごはん…適量
豚肩ロース肉…400g
玉ねぎ…2個
酒粕…20g
カレールウ…100g
サラダ油…大さじ1

作り方
① 豚肉はひと口大に切り、玉ねぎは薄切りにする。
② 鍋にサラダ油を熱し、①を入れて中火で炒め、肉の色が変わったら水3カップと酒粕を入れる。煮立ったら弱火にしてふたをし、40分煮る。
③ 火を止めてカレールウを溶かし、再び火にかけて弱火で5分ほど煮る。ごはんとともに器に盛る。

84

野菜のスープカレー

材料（4人分）
鶏骨付きもも肉…4本（約600g）
にんにく…1かけ
しょうが…½かけ
玉ねぎのみじん切り…½個分
玉ねぎ…2個
じゃがいも…小4個
にんじん…小2本
かぼちゃ…正味200g

A［酒…大さじ3、塩…大さじ2
　ローリエ…1枚
　赤とうがらし…2本
　粗びき黒こしょう…小さじ1］
B［カレー粉…大さじ1〜2
　チリパウダー…小さじ1
　しょうゆ…大さじ½］

作り方
① 鶏肉は5分ほどゆでて水けをきる。にんにくとしょうがは薄切りにし、下ゆでした鶏肉、玉ねぎのみじん切りといっしょに鍋に入れる。水8カップを加えて強火で煮立て、アクを取ってAを加えて混ぜ、ふたをして20分煮る。
② 玉ねぎ、じゃがいも、にんじん、かぼちゃはそれぞれ食べやすい大きさに切る。
③ ②のかぼちゃ以外の具材を①に加え、20分ほど煮る。かぼちゃを加え、さらに10〜15分煮る。Bを加えてさらにひと煮する。

チキンのヨーグルトカレー

材料（4人分）
鶏骨付きもも肉…6本（約900g）
A［玉ねぎのみじん切り…大2個分
　にんにくのみじん切り…大1かけ分
　しょうがのすりおろし…小さじ1］
トマト…2個
プレーンヨーグルト…2カップ
サラダ油…大さじ4½
B［塩…小さじ⅔
　カレー粉…大さじ½
　レモン汁…大さじ1］

C［赤とうがらし…2本
　ローリエ…1枚
　カルダモン（ホール）…4〜5粒
　シナモンスティック…½本
　クミンシード…小さじ½
　チリパウダー…小さじ½
　カレー粉…大さじ2〜3］
塩…小さじ1

作り方
① 鍋にサラダ油大さじ4を弱火で熱し、Aを入れて炒める。玉ねぎがしんなりとしたらふたをし、時々混ぜながら、40〜50分ほどとろ火にかける。
② 鶏肉は1本を3〜4等分に切り、Bをよくからめて10〜20分おく。トマトは湯むきして種を取り除き、1cm角に切る。
③ フライパンにサラダ油大さじ½を中火で熱し、鶏肉を入れて両面を色よく焼く。
④ ①の香味野菜の鍋にCを加えてさっと炒め、水4カップを加え、中火にして鶏肉、トマト、ヨーグルト、塩を加えて混ぜる。煮立ったら弱火にし、ときどき混ぜながら30分ほど煮る。

えびのグリーンカレー

材料（4人分）
小えび…300g
玉ねぎ…1個
ピーマン…3個
ゆでたけのこ…小2本（160g）
ビーフン…150g
にんにくのみじん切り…1かけ分
しょうがのすりおろし…小さじ1
A［グリーンカレーペースト…40g
　　赤とうがらし…2本］
レモングラスの茎…1本
ココナッツミルク…2カップ
B［バジルの葉（粗くちぎる）…6枚
　　ナンプラー…大さじ1
　　塩…小さじ½～1］
サラダ油…大さじ3

作り方
①小えびは殻をむき、背わたを取っておく。玉ねぎ、ピーマンは食べやすい大きさ、たけのこは4cm長さの細切りにする。レモングラスの茎は1cm幅の斜め切りにする。
②厚手の鍋にサラダ油を弱火で熱し、玉ねぎ、にんにく、しょうがを入れて炒める。玉ねぎがしんなりとしたら、えび、たけのこを加えて炒め合わせ、A、ピーマンを加えて手早く炒める。
③全体に油が回ったら中火にし、水1カップ、ココナッツミルクを加えて混ぜ、煮立ったらBを加えてひと煮する。

キーマカレー

材料（4人分）
豚ひき肉…250g
玉ねぎのみじん切り…大2個分
にんにくのみじん切り…1かけ分
しょうがのすりおろし…小さじ1
トマト…2個
塩…少量
グリンピース（冷凍）…200g
サラダ油…大さじ2
A［赤とうがらし…2本
　　ローリエ…1枚
　　カレー粉…大さじ2
　　コリアンダー…小さじ1
　　ガムラマサラ…小さじ1
　　クミンシード…小さじ½］

作り方
①厚手の鍋にサラダ油を弱火で熱し、玉ねぎ、にんにく、しょうがを入れて炒める。玉ねぎがしんなりとしたらふたをし、焦がさないように、時々混ぜながら40～50分ほどとろ火にかける。
②トマトは湯むきして種を取り、1cm角に切る。
③①の香味野菜が茶色になったらAを加えてさっと炒め、豚ひき肉を加えて炒める。ひき肉の色が変わったら水3カップ、トマト、塩を加えて混ぜる。煮立ったらふたをして中火で10～15分煮る。凍ったままのグリンピースを加え、10分ほど煮る。

ドライカレー

材料（4人分）
合いびき肉…200g
にんじん…½本
ピーマン…2個
玉ねぎ…1個
A［固形スープ…½個
　　ケチャップ…大さじ2
　　カレー粉…大さじ2
　　塩…小さじ½
　　ウスターソース…大さじ1］
サラダ油…小さじ2

作り方
①にんじん、玉ねぎ、へたと種を取ったピーマンは粗みじん切りにする。
②フライパンにサラダ油を熱し、①の野菜を入れてしんなりとするまで炒める。
③ひき肉を加えて、パラパラになり、少し焼き色がつくまで炒める。
④Aと水1カップを加え、時々混ぜながら弱めの中火で10分、水分が少なくなって少しとろりとするまで煮る。

南国風ポークカレー

材料（4人分）

豚角切り肉…350g
塩、こしょう…各適量
ナツメグ…少量
パイナップル（生）…300g
玉ねぎ…2個
バナナのみじん切り…1本分
スープ…5カップ
白ワイン…½カップ
小麦粉…40g
カレー粉…大さじ4
しょうがのみじん切り…15g
黒砂糖…大さじ1
バター…大さじ1
塩…小さじ1½
こしょう…少量
サラダ油…適量

作り方

①豚肉は塩、こしょう、ナツメグをまぶして10分ほどおいた後、パイナップルの¼量をすりおろしてピューレ状にして加え混ぜ、冷蔵庫で1時間以上ねかせる。

②残りのパイナップル、玉ねぎ、バナナはそれぞれハンドブレンダーなどで細かいピューレ状にする。

③フライパンにサラダ油を熱し、汁けをふき取った①の豚肉を、表面に焦げ目をつける程度に炒めて鍋に移し入れる。

④同じフライパンに②の玉ねぎを入れて油がなじむ程度に炒め合わせ、豚肉が入っている③の鍋に移し入れる。具が入った鍋に白ワインを加えて強火にかけ、ひと煮立ちしたらスープを加え、そのまましばらく煮る。

⑤フライパンにしょうがを入れて弱火で炒め、香りが立ったら小麦粉を加えて、焦がさないように混ぜながら粉っぽさがなくなるまで炒める。さらにカレー粉を加えて炒め、④のスープ1カップを少しずつ加えて溶きのばしてカレールウにする。④の鍋にこのカレールウを混ぜ込み、②のバナナ、黒砂糖を加えて20分煮込む。最後に②のパイナップル、バターを加え、塩、こしょうで味を調える。

基本の作り方

材料（4人分）
牛こま切れ肉…150g
玉ねぎ…1個
サラダ油・小麦粉…各適量
塩・こしょう…各少量

〈ソース〉

作り方
① 牛肉は小麦粉をまぶす。玉ねぎは薄切りにする。
② フライパンにサラダ油を熱し、牛肉を炒める。肉の色が変わったら、玉ねぎを加えてさっと炒め、〈ソース〉を加える。弱火で3分ほど煮込み、塩、こしょうで味を調える。

デミグラスソース缶

牛の骨や野菜を長時間煮込んで作るデミグラスソース。市販のデミグラス缶を使えば、家庭でも簡単に洋食屋さんの味が楽しめる。バターや赤ワイン、スパイスを加えればさらに本格的な味わいに。一缶使いきれなかったら、密閉容器などに移して冷凍保存を。

デミグラス缶で作る
昔ながらのソース

材料
デミグラスソース缶…1缶
トマトケチャップ…½カップ弱
赤ワイン…¼カップ
水…½カップ
バター…大さじ1¼

作り方
鍋に材料を入れて混ぜ合わせ、ひと煮立ちさせる。基本の作り方参照。

〈ソース〉
ホールトマト缶で作るソース

材料
トマト水煮（缶詰）…1缶（400g）
赤ワイン…大さじ5
固形コンソメスープの素…2個
トマトケチャップ…大さじ3
ウスターソース…大さじ4

作り方
鍋に材料を入れて混ぜ合わせ、ひと煮立ちさせる。基本の作り方参照。

デミグラス缶で作る
和風ソース

材料
デミグラスソース缶…1缶
水…2½カップ
トマトケチャップ…½カップ
酒・しょうゆ・ウスターソース…各大さじ3

作り方
鍋に材料を入れて混ぜ合わせ、少しとろみがつくまで煮る。基本の作り方参照。

焼き肉のたれで作る
簡単ソース

材料
焼肉のたれ（市販品）…大さじ5
トマト水煮（缶詰）…1缶（400g）

作り方
鍋に材料を入れて混ぜ合わせ、ひと煮立ちさせる。基本の作り方参照。

〈ソース〉

わさびソース

材料
トマトケチャップ…大さじ2
オイスターソース…大さじ½
練りわさび…小さじ½
作り方
材料をよく混ぜ合わせる。

ダブル
トマトソース

材料
トマト…1個
A[トマトケチャップ…大さじ2
　中濃ソース…小さじ1]
作り方
トマトはヘタを除いて1cm角に切り、Aを
加えてよく混ぜ合わせる。

ビーフソース

材料
赤ワイン…½カップ
A[固形スープの素…¼個
　水…½カップ]
デミグラスソース缶…大さじ3
塩・こしょう…各少量
作り方
ひと口大に切った牛薄切り肉100gと玉
ねぎのみじん切り100gをサラダ油大さじ
1で炒め、赤ワインを加えてひと煮立ちさ
せ、A、デミグラスソースを入れて5～6
分煮て、塩、こしょうで調味する。

梅みそソース

材料
梅肉…1個分、酢…小さじ4
みそ…小さじ2、砂糖…小さじ2
作り方
材料をよく混ぜ合わせる。

明太クリームソース

材料
明太子…½腹
牛乳・マヨネーズ…各大さじ1
砂糖…小さじ½
作り方
明太子は中身を取り出しておき、材料を
よく混ぜ合わせる。

基本の作り方

材料（2人分）

鶏胸肉…小½枚	ケチャップ…大さじ3
玉ねぎ…¼個	卵…3個
ピーマン…1個	塩…少量
バター…大さじ1	〈ソース〉
温かいごはん…360g	サラダ油…適量
塩・こしょう…各適量	

作り方
① 鶏肉は1cm角、玉ねぎは7～8mm角、ピーマンは
　へたと種を取り5mm角に切る。
② フライパンにバターを溶かし、鶏肉を炒める。色
　が変わったら玉ねぎ、ピーマンを加えて炒める。
　ごはんを加えてほぐしながら炒め、塩、こしょう
　をふって軽く炒める。ケチャップを加え、炒め合
　わせて取り出す。卵は割りほぐし、塩を加えて混
　ぜる。
③ フライパンにサラダ油を熱して卵液の半量を流し
　入れる。半熟状になったら火を止めてチキンライ
　スの半量をのせて成形し、皿に盛りつけ、〈ソース〉
　をかける。もう1人分も同様に仕上げる。

親子丼の作り方

材料（2人分）
鶏もも肉…1枚
玉ねぎ…½個
卵…3個
〈煮汁〉
ごはん…どんぶり2杯分

作り方
① 鶏肉はひと口大に切る。玉ねぎは
薄めのくし形切りにする。卵は溶
きほぐす。
② フライパンに〈煮汁〉を入れ、具材
を加えて火にかける。沸騰したら
鶏肉を返しながら火を通し、味を
しっかりしみ込ませる。
③ 中火にして溶き卵を回し入れる。
フライパンを揺すりながら火を通
して表面が半熟になったら火を止
め、ふたをして10秒〜20秒ほど
おく。ごはんにのせる。

〈煮汁〉
親子丼

材料
酒・砂糖…各大さじ1
みりん…大さじ2、しょうゆ…大さじ3
だし汁…½カップ
作り方
材料を混ぜ合わせる。基本の作り方②で入れる。

〈煮汁〉
牛丼

材料
酒…大さじ1
砂糖・しょうゆ…各大さじ3
だし汁…1カップ
作り方
基本の作り方②で鍋に材料を入れ
て煮立てる。

韓国風牛丼

材料
酒…小さじ1 ½
砂糖・しょうゆ…各大さじ1
中華スープの素…小さじ½
湯…⅗カップ
ごま油…小さじ2
作り方
基本の作り方の玉ねぎを、斜め切り
にした長ねぎ適量に代える。煮汁の
材料を混ぜ合わせ、基本の作り方②
で鍋に入れて煮立てる。

牛丼の作り方

材料（2人分）
ごはん…どんぶり2杯分
牛切り落とし肉…100g
玉ねぎ…¼個
〈煮汁〉

作り方
① 牛肉はひと口大に切ってほぐす。玉ね
ぎは薄切りにする。
② 鍋に〈煮汁〉を煮立て、玉ねぎを加え
て中火で煮る。少ししんなりしたら牛
肉を加えてさっと混ぜ、肉に火を通す。
最後に強火にして全体をさっとからめ
る。ごはんの上に汁ごとのせ、好みで
卵をのせる。

〈漬け込みだれ〉
まぐろ漬け丼
材料
酒…大さじ1⅓
みりん…小さじ2弱
しょうゆ…大さじ2
作り方
材料を混ぜ合わせ、まぐろを漬け込む。

洋風漬け丼
材料
砂糖…大さじ⅔
しょうゆ…大さじ½、塩…小さじ½
サラダ油…½カップ、酢…大さじ½
しょうがのすりおろし…小さじ½
玉ねぎのすりおろし…大さじ1
作り方
材料を混ぜ合わせ、まぐろを漬け込む。

漬け丼の作り方
材料（2人分）
刺身用まぐろ（さく）…150g
〈漬け込みだれ〉
ごはん…どんぶり2杯分
青じそ…6枚
小ねぎの小口切り…適量

作り方
①まぐろを薄くそぎ切りにし〈漬け込みだれ〉に1時間以上漬ける。
②どんぶりにごはんを盛り、青じそ、まぐろ、小ねぎを順にのせる。

〈ソース〉
ソースカツ丼
材料
トンカツソース・
　ウスターソース…各大さじ2
作り方
材料を小鍋に入れ、ひと煮立ちさせる。基本の作り方④でトンカツにかける。

ソースカツ丼の作り方
材料（2人分）
豚ロース肉…2枚
塩・こしょう…各少量
キャベツ…3枚
小麦粉・溶き卵・パン粉
　…各適量
揚げ油…適量
ごはん…どんぶり2杯分
〈ソース〉
練りがらし…適量

作り方
①豚ロース肉は筋切りをして、塩、こしょうで下味をつけておく。キャベツはせん切りにする。
②豚肉に、小麦粉、溶き卵、パン粉の順に衣をつけて5分ほどおき、衣をなじませる。
③油を170℃に熱して②の肉を、色よく揚げ、熱いうちに食べやすい大きさに切り分ける。
④器にごはんを盛り、キャベツを広げて③のトンカツをのせる。〈ソース〉をかけ、練りがらしを添える。

〈合わせだれ〉
深川丼
材料
酒…大さじ2
しょうゆ…大さじ1½
砂糖…大さじ1
作り方
基本の作り方②で鍋に入れて煮立てる。

深川丼の作り方
材料（2人分）
ごはん
　…どんぶり2杯分
あさりのむき身…150g
塩…少量
しょうがの薄切り
　…1かけ分
〈合わせだれ〉

作り方
①あさりは塩をふり、ざるに入れてざっとふり洗いする。
②鍋に〈合わせだれ〉を入れて煮立て、あさり、しょうがを加えて箸で転がしながらいり煮にする。
③あさりの身がふっくらしてきたらすぐに火を止める。
④器にごはんを盛り、③を汁ごとのせる。

卵かけごはん

基本の作り方

材料と作り方（1人分）

炊きたてのごはんを茶わんに盛り、卵1個をのせ、〈かけだれ〉を回しかけ、全体を混ぜる。

うま味調味料を上手に使って新鮮な高品質の卵と炊きたてのやつやのごはんがあれば、味つけは少しのしょうゆだけで十分おいしい卵かけごはんに。特別な卵でなくても、うま味調味料をひとふりすればコクのあるおいしさに。うま味調味料の主成分であるグルタミン酸ナトリウムは、卵や肉、魚に含まれるイノシン酸と相乗効果を生み出し、格段にうま味をアップさせる。主にさとうきびやとうもろこし、米などを発酵させて作られる。

〈かけだれ〉

砂糖じょうゆだれ

材料
砂糖・しょうゆ…各適量
作り方
材料を混ぜ合わせる。

昆布しょうゆだれ

材料
みりん…大さじ3弱
しょうゆ…1カップ、昆布…10cm角1枚
作り方
耐熱容器にみりんを入れ、ラップをせずに電子レンジ（500W）で2分ほど加熱する。温かいうちにしょうゆと昆布を加えて2〜3時間おき、昆布を除く。

おかかしょうゆごま油

材料
しょうゆ…適量、かつお節…1袋
小ねぎのみじん切り…適量、ごま油…少量
作り方
材料を混ぜ合わせる。

ねぎみそ七味だれ

材料
しょうゆ・みそ・
　七味とうがらし・小ねぎのみじん切り…各適量
作り方
材料を混ぜ合わせる。

薬味しょうゆだれ

材料
しょうゆ・しょうがのすりおろし…各適量
しょうがのせん切り…1かけ分
みょうがのせん切り…2個分、青じそのせん切り…5枚分
作り方
材料を混ぜ合わせる。

オイスターソースだれ

材料
オイスターソース・しょうゆ…各適量
作り方
材料を混ぜ合わせる。

ピラフ

基本の作り方

材料（2人分）
米…1合　　　　　　ピーマン…½個
えび…6尾　　　　　バター…大さじ1
玉ねぎ…¼個　　　　〈合わせスパイス〉
しめじ…½パック　　塩・こしょう…各適量

作り方
① 米は洗って水けをきり、炊飯器の内釜に入れて1合の目盛りに合わせて水を加えてふつうに炊く。
② えびは背わたを取って殻をむき、塩、こしょうで下味をつける。ピーマンはへたと種を取り、玉ねぎとともに1cm角に切る。しめじは石づきを取ってほぐす。
③ フライパンにバターを溶かし、玉ねぎをしんなりするまで炒めたら、残りの具材を加えてさっと炒める。炊きあがったごはんと〈合わせスパイス〉を加えて炒め合わせ、全体がなじんだら器に盛る。

〈合わせスパイス〉

カレーピラフ

材料
カレー粉・酒…各大さじ½
塩…小さじ1
サラダ油…適量
作り方
材料をすべて混ぜ合わせ、基本の作り方③で加えて炒める。

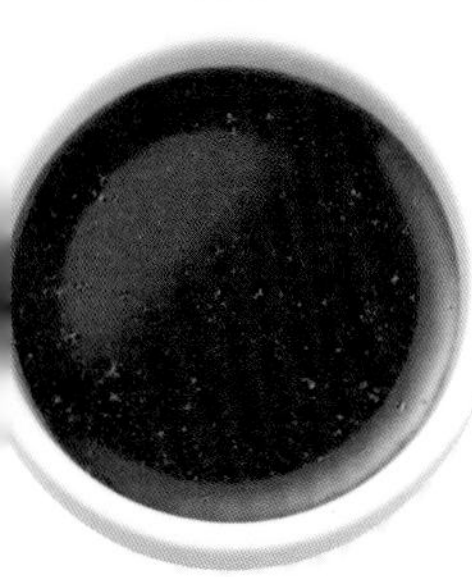

メキシカンピラフ

材料
塩…小さじ½
チリパウダー…小さじ⅔
ウスターソース…大さじ1
粗びき黒こしょう…適量
作り方
材料をすべて混ぜ合わせ、基本の作り方③で加えて炒める。

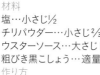

パエリア

基本の作り方

材料（4人分）
あさり…200g
えび…8尾
玉ねぎ…½個
にんにく…1かけ
パプリカ…1個
トマト…1個
〈合わせだれ〉
オリーブ油…大さじ2
米…2合

作り方
① あさりは砂抜きし、水の中で殻をこすり合わせるようにして洗う。えびは背わたを取る。玉ねぎ、にんにくはみじん切りにする。パプリカはへたと種を取り1cm幅に切り、トマトはざく切りにする。
② フライパンにオリーブ油大さじ1を熱し、あさりを入れてふたをし蒸す。口が開いたらざるにあげ、あさりと蒸し汁に分ける。蒸し汁に湯を加えて3カップにし、〈合わせだれ〉を加えて混ぜる。
③ フライパンをふいてオリーブ油大さじ1を熱し、玉ねぎ、にんにくを炒め、玉ねぎがしんなりしたらパプリカを加えて炒め合わせる。米を加えて炒め、透き通ったらトマト、②の蒸し汁を加えて強火で煮る。煮立ったらふたをし弱めの中火で約15分煮る。
④ あさり、えびをのせ、再びふたをして弱火で5～6分、ふたをはずして強火に1～2分かけて汁けをとばす。

〈合わせだれ〉

基本のパエリア

材料
白ワイン…⅓カップ、ローリエ…½枚
サフラン…小さじ¼、水…1½カップ
塩…小さじ⅔
作り方
基本の作り方②で白ワイン、ローリエを加えてあさりを蒸し、その後残りの材料を加える。

ガーリックパエリア

材料
にんにく…2かけ、オリーブ油…大さじ½
塩…小さじ1、しょうゆ…小さじ1
水…1⅘カップ、粗びき黒こしょう…少量
作り方
基本の作り方③でフライパンにオリーブオイルを熱し、にんにくを色づくまで炒める。他の具材と米を順に加えて炒め合わせ、残りの材料を加えて煮る。

和風パエリア

材料
しょうゆ…大さじ2、しょうがのせん切り…1かけ分、
ごま油…大さじ1、
塩…小さじ1、
水…1⅘カップ
作り方
材料を混ぜ合わせ、基本の作り方②でフライパンに加える。

ビビンバ

基本の作り方

材料（2人分）

ほうれん草…½束　　　〈もみだれ〉
にんじん…40g　　　　〈あえ衣〉
もやし…½袋　　　　　ごはん…どんぶり2杯分
牛ひき肉…100g

作り方

① ほうれん草は根元に十字の切り込みを入れ、にんじんは3cm長さの細切りにする。もやしはひげ根をとる。
② 牛肉に〈もみだれ〉をしっかりもみ込み、フライパンで油をひかず炒める。
③ にんじん、もやし、ほうれん草は別々にゆで、しっかり水けをしぼる。ほうれん草は3cm長さに切る。野菜はそれぞれ、〈あえ衣〉で味つけする。
④ 器にごはんを盛り、②、③を盛りつける。

〈もみだれ〉

基本の牛肉の下味

材料
酒…大さじ2、みりん…大さじ2、しょうゆ…大さじ2
作り方
材料を混ぜ合わせ、基本の作り方②で肉にもみ込む。

ごま風味の牛肉の下味

材料
しょうゆ…大さじ2、砂糖・ごま油…各大さじ1½
にんにくのみじん切り・一味とうがらし…各大さじ1
ねぎのみじん切り、白すりごま…各大さじ1
作り方
材料を混ぜ合わせ、基本の作り方②で肉にもみ込む。

〈あえ衣〉

ナムル

材料
ごま油…小さじ1
ねぎのみじん切り…大さじ1
にんにくのみじん切り…少量
しょうゆ…小さじ1、塩…小さじ1½
白すりごま…大さじ1
作り方
材料を混ぜ合わせ、基本の作り方③で具材とあえる。

タコライス

基本の作り方

材料（4人分）

玉ねぎのみじん切り…½個分　　玉ねぎの薄切り
にんにくのみじん切り…2かけ分　　…⅛個分
牛ひき肉…300g　　　　　　　トマト…2個
A［洋風スープ…⅓カップ　　　レタス…½個
　塩・こしょう…各少量］　　　チーズ…適量
チリパウダー…少量　　　　　　ごはん…どんぶり2杯分
　　　　　　　　　　　　　　　〈ソース〉

作り方

① 玉ねぎのみじん切りとにんにくを炒め、牛ひき肉を加えてポロポロになるまで炒める。Aを加えて汁けがなくなるまで炒め、チリパウダーを加えてざっと混ぜる。
② 玉ねぎの薄切りは水にさらして水けをきる。トマトは湯むきして1cm角に切って玉ねぎと合わせる。
③ 器にごはんを盛り、①と②、レタス、チーズを添え〈ソース〉をかける。

〈ソース〉

サルサソース

材料
ミニトマトの4つ割り…8個分、香菜のざく切り…1株分
トマトケチャップ…大さじ1、レモン汁…大さじ1
作り方
材料を混ぜ合わせる。

タコソース

材料
オリーブ油…小さじ2、トマトピューレ…1カップ
白ワイン…大さじ2、塩…小さじ1
チリパウダー…大さじ1
玉ねぎのみじん切り…大さじ4
にんにくのみじん切り…小さじ2
作り方
耐熱ボウルに玉ねぎとにんにくを入れ、オリーブ油を回し入れ、電子レンジ（500W）で1分加熱する。残りの材料を加えて混ぜ合わせ、再び電子レンジで2分加熱する。

和風サルサソース

材料
玉ねぎのみじん切り…1個分
トマト…4個、トマトケチャップ…大さじ4
めんつゆ…大さじ2、オリーブ油…大さじ2
作り方
玉ねぎは耐熱ボウルに入れ、電子レンジ（500W）で2分加熱する。トマトは1cm角に切る。すべての材料を混ぜ合わせる。

「パン・粉もの」の
基本とアレンジ

手作りソースと香りバターで
一段上の味わいに

基本の作り方
材料（作りやすい分量）
食パン（8枚切り）…8枚
好みの具材
〈ソース〉
〈香りバター〉
作り方
① 卵やツナなど好みの具材と
〈ソース〉を混ぜ合わせる。
② パンに〈香りバター〉を塗り、
①をはさむ。

万能うま味調味料
"アンチョビ"

カタクチいわしを塩漬けにして数か月熟成発酵させ、オリーブ油漬けにしたもの。身がそのまま入ったフィレタイプが一般的だが、使いやすいペーストタイプやケイパーを芯にアンチョビを巻きつけたロールタイプもある。塩けとコク深いうま味を同時に加えることができるので、イタリア料理などで幅広く使われる。

〈ソース〉

マヨソース

フライのサンドなどに

材料
粒マスタード・マヨネーズ…各適量
玉ねぎのみじん切り…大さじ1
ケイパーのみじん切り…大さじ½
パセリのみじん切り…大さじ1
作り方
材料をよく混ぜ合わせる。

クリーミーレモンソース

肉のサンドなどに

材料
マヨネーズ…約½カップ
レモン…中½個、生クリーム…大さじ1
作り方
レモンは表面をよく洗ってから半分に切る。皮の黄色い部分のみをすりおろし、果汁をしぼる。材料をよく混ぜ合わせる。

チーズソース

肉や魚のサンドなどに

材料
カッテージチーズ…½カップ
酢…大さじ1
マヨネーズ…大さじ2
塩・こしょう…各少量
作り方
材料をよく混ぜ合わせる。

アンチョビソース

野菜のサンドなどに

材料
にんにくのみじん切り…½かけ分
アンチョビ…2枚、オリーブ油…大さじ½
生クリーム…¼カップ
コーンスターチ・水…各小さじ½
塩・こしょう…各少量
作り方
アンチョビは細かくたたく。小鍋にオリーブ油を熱し、にんにくといっしょに香りが出るまで炒める。残りの材料を加える。

〈香りバター〉

マスタードバター

肉のサンドなどに

材料
バター…大さじ4
フレンチマスタード
　…小さじ½
作り方
材料を合わせ、クリーム状になるまでよく練る。

パセリバター
卵やハムのサンドなどに

材料
バター…大さじ4
パセリのみじん切り…小さじ2
作り方
材料を合わせ、クリーム状になるまでよく練る。

レモンバター
魚のサンドなどに

材料
バター…大さじ4
レモン汁…小さじ1/2
作り方
材料を合わせ、クリーム状になるまでよく練る。

バーガー

ファストフードの定番も
おうちで作れば
アレンジ自在

基本の作り方

材料（2個分）

バーガー用パン…2個	牛ひき肉…150g
玉ねぎのみじん切り	卵…I個
…¼個分	塩・こしょう…各適量
パン粉…大さじ3	バター…適量
牛乳…大さじI	〈ソース〉

作り方

① 玉ねぎを耐熱容器に入れ、ラップをして電子レンジ（500W）で2分30秒加熱する。
② ボウルにパン粉、牛乳を入れて混ぜ、2〜3分間ふやかす。
③ 牛ひき肉と①、②、溶き卵、塩、こしょうを混ぜ合わせる。
④ ③を2等分し、パンの大きさを目安にまとめ、まん中をくぼませて、フライパンでこんがり焼く。
⑤ ④の上面に〈ソース〉を塗る。
⑥ パンの内側にバターを塗り、レタス、チーズ、トマト、ピクルスなどとともに⑤をはさむ。

マスタード

一般的に、ハンバーガーに使われるマスタードはイエローマスタードといわれ、ターメリックで色付けされた鮮やかな黄色が特徴。和がらしよりも穏やかな辛味で爽やかな酸味。たっぷり使ってもおいしい。チキンやハムなどの肉に合わせるなら、はちみつを加えたハニーマスタードもおすすめ。粒マスタードは辛味がより穏やかで、プチプチとした食感とマスタード本来の香りが楽しめる。ソーセージやポトフの薬味のほか、ソテーのソースとしても。

〈ソース〉

BBQソース

材料
水…¼カップ
トマトケチャップ・粗びき黒こしょう・ウスターソース・マスタード…各大さじI、はちみつ…大さじ2
チリペッパー・ガーリックパウダー・オレガノ…各少量
作り方
小鍋に材料を混ぜ合わせ、煮立てる。基本の作り方⑤でハンバーグに塗る。

アボカドソース

材料
タバスコ®…小さじ½弱
EXVオリーブ油…大さじI、塩・こしょう…各適量
アボカドのみじん切り…½個分
レモン汁…大さじ½
玉ねぎのみじん切り・トマトのみじん切り…各大さじI
作り方
材料を混ぜ合わせる。基本の作り方⑤でハンバーグに塗る。

ピクルス
マヨネーズソース

材料
きゅうりのピクルス（またはらっきょう）のみじん切り…大さじ½
玉ねぎのみじん切り…小さじ⅔
マヨネーズ…大さじI、こしょう…少量
作り方
材料を混ぜ合わせる。基本の作り方⑤でハンバーグに塗る。

照り焼きソース

材料
酒・みりん・しょうゆ…各大さじI弱
はちみつ…大さじI、塩、こしょう…各少量
作り方
材料を小鍋に入れ、弱火にかけて沸騰させる。基本の作り方⑤でハンバーグに塗る。

サウザンアイランドソース

材料
マヨネーズ・トマトケチャップ・玉ねぎのみじん切り…各大さじI
酢・砂糖…各小さじI、塩・こしょう…各少量
作り方
材料を混ぜ合わせる。基本の作り方⑤でハンバーグに塗る。

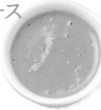

〈ソース〉

基本のピザソース

材料
オリーブ油…大さじ2
にんにくのみじん切り…大さじ¼
玉ねぎのみじん切り…⅓カップ
トマト水煮（缶詰）…1缶（400g）
オレガノ・塩・こしょう…各適量

作り方
鍋にオリーブ油とにんにくを熱し、香りが立ったら玉ねぎをしんなりするまで炒める。残りの材料を加え、10分ほど煮詰める。

ジェノベーゼソース

材料
バジル…50g、松の実…20g、にんにく…1かけ
オリーブ油…½カップ、塩…小さじ½〜1
粉チーズ…大さじ2

作り方
材料をミキサーにかけ、ペースト状にする。

明太クリームソース

材料
クリームチーズ…50g
明太子…1腹、生クリーム…大さじ2

作り方
材料を混ぜ合わせる。

アンチョビ
ガーリックソース

材料
トマトペースト…9g、アンチョビペースト…3g
ケイパーのみじん切り…2g
にんにくのすりおろし…¼かけ分
オレガノ…小さじ¼、オリーブ油…大さじ½

作り方
材料を混ぜ合わせる。

ゴルゴンゾーラ
ソース

材料
ゴルゴンゾーラ…10g、生クリーム…大さじ1⅔
はちみつ…小さじ2、塩・こしょう…各適量

作り方
材料を小鍋に入れて温める。沸騰直前に火を止め、塩、こしょうで調味する。

基本の作り方

材料（2人分）
薄力粉…200g　　　牛乳…¾カップ弱
ドライイースト…6g　オリーブ油…小さじ1
砂糖…小さじ1　　　〈ソース〉

作り方
① ボウルに薄力粉を入れ、まん中にドライイースト、砂糖、人肌に温めた牛乳の⅔量を入れる。1分ほどおいてから指先で牛乳、イーストと砂糖を混ぜて、さらに1分ほどおく。
② 残りの牛乳を加えて全体を手早く混ぜ、生地がまとまってボウルから離れるようになるまで混ぜる。オリーブ油を加え、全体になじむまでこね混ぜ、丸くまとめてボウルに入れる。表面にオリーブ油適量（分量外）を塗ってラップをかぶせ、室温で1時間ほどおく。
③ ラップをはずし、人さし指を生地の中心に差し込んだときに、生地が指につかず穴が戻らなければ発酵完了。
④ 一次発酵の済んだ生地から、手で生地全体を4〜5回軽く押さえてガスを抜く。4等分してそれぞれ丸くまとめ、ラップを敷いたバットに並べ、上からラップをかけ室温に30分ほどおいて二次発酵させる。
⑤ 二次発酵の済んだ生地を手のひらで押しつぶすようにして平らにのばし、さらにめん棒で軽くのばす。生地の厚みが1〜2mmになったらお好みの〈ソース〉、トッピングチーズをのせて焼く。

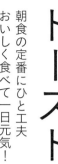

基本の作り方

材料（2人分）
好みのパン…適量
〈ソース〉
作り方
好みのパンをトーストし、〈ソース〉を塗る。

ツナソース

材料
ツナ缶…½缶（40g）、にんにく…½かけ
アンチョビ…1枚、卵黄…1個分
オリーブ油…⅓カップ
マヨネーズ…小さじ2
レモン汁…大さじ½
フレンチマスタード…小さじ½
塩・白こしょう…各少量
作り方
ツナはざるにあけて汁けをきる。にんにくは
半分に切って芯をとり、薄切りにする。フー
ドプロセッサーまたはミキサーに材料を入
れ、なめらかになるまで混ぜ合わせる。味を
みて、塩、こしょうで調味する。

和風
クリームチーズソース

材料
かつおぶし…5g
クリームチーズ…100g
しょうゆ…小さじ¼
白いりごま…適量
作り方
かつお節は耐熱容器に入れ、ラップなしで電子レンジ
（500W）で1分ほど加熱し、握りつぶして粉がつおに
する。クリームチーズもレンジで1分加熱してやわらか
くする（30秒ごとに様子を見る）。白いりごまを加え、
粉がつお、クリームチーズ、しょうゆを混ぜ合わせる。

〈ソース〉

ガーリックソース

材料
バター…大さじ2
パセリのみじん切り…小さじ2
オリーブ油…小さじ2
にんにくのすりおろし・
　塩・こしょう…各少量
作り方
バターは室温に戻し、パセリ、オ
リーブ油、にんにく、塩、こしょうを
加えて混ぜる。

小倉ソース

材料
粒あん（市販品）…100g
生クリーム…½カップ
グラニュー糖…大さじ1
バター…大さじ2
チェリー（缶詰）…2個
作り方
生クリームをボウルに入れ、グラ
ニュー糖を加えて八分立てにして
おく。こんがり焼いたパンにバター
を塗り、上に粒あんをのせて広げ、
クリーム、チェリーをのせる。

いちごソース

材料
いちご…100g、砂糖…大さじ2
レモン汁…小さじ1
作り方
いちごは洗い、へたを取る。耐熱
容器に材料をすべて入れ、電子レ
ンジ（500W）で30秒加熱する（水
分が出て沸騰してくるくらいまで）。
全体をよく混ぜ、再度電子レンジで
30秒ほど加熱し、そのまま自然に
冷ます。

「汁もの・鍋もの」の基本とアレンジ

基本の作り方

材料（2人分）
絹ごし豆腐…1/4丁
油揚げ…1/3枚
小ねぎ…少量
乾燥わかめ…2g
〈だし汁〉
〈みそ〉
作り方
①絹ごし豆腐はさいの目切りに、油揚げは1cm幅に切る。小ねぎは小口切りにする。乾燥わかめは戻して水けをきる。
②鍋に〈だし汁〉を入れて熱し、豆腐、わかめを入れて煮立たせる。
③〈みそ〉を溶き入れ、沸騰する直前にねぎを加えて火を止める。

基本のみそ汁

豆腐やわかめなど

材料
だし汁…2カップ、みそ…大さじ2
作り方
鍋に〈だし汁〉を煮立てて、〈みそ〉を溶き入れる。基本の作り方参照。

ごまみそ汁

葉もの野菜や生しいたけなど

材料
だし汁…2カップ、みそ…大さじ2
白すりごま…大さじ1 1/2
作り方
鍋に〈だし汁〉を煮立てて、具材を加え〈みそ〉を溶き入れる。器に注ぎ、白すりごまをふる。

豆乳みそ汁

根菜や油揚げなど

材料
だし汁…1カップ、みそ…小さじ2
豆乳…1/2カップ
作り方
鍋に〈だし汁〉を煮立てて、具材を加えて〈みそ〉を溶き入れ、豆乳を加える。

洋風みそ汁

ベーコンやミニトマトなど

材料
だし汁…2 1/4カップ
顆粒チキンスープの素…大さじ1
みそ…大さじ1、オリーブ油…少量
粉チーズ…適量
作り方
鍋に〈だし汁〉を煮立てて、具材を加えて煮る。顆粒チキンスープの素を加え、溶けたら火を止めて〈みそ〉を溶き入れる。器に注ぎオリーブ油をかけ、粉チーズをふる。

だしとうま味のメカニズム

料理の味は、うま味の相乗効果で格段にアップする。例えば、大豆、チーズ、昆布などに多く含まれるグルタミン酸は、煮干し、かつお節、肉類などに多く含まれるイノシン酸と合わさることで強いうま味に。みそ汁の場合は、みそが多くのグルタミン酸を含むため、煮干しだし、かつおだしなど、イノシン酸の多いだしと合わせることがコツ。煮干しだしとかつおだしを使えば上品に仕上がる。家庭的な味わいの煮干しだしを使えば上品に仕上がる。

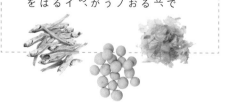

みそ

みそはしょうゆと並ぶ日本の代表的な調味料。奥深い味わいだけでなく栄養面にもすぐれ、人間に欠かせない必須アミノ酸が9種すべて含まれる。土地ごとの食文化や風土を色濃く反映する調味料で、日本各地でその地特有のみそが作られている。

赤みそ（豆みそ）

原料は大豆、塩。蒸し大豆を直接麹にしたものを長期熟成させることによる、濃厚なうま味とかすかな渋みが特徴。東海地方では主に八丁みそと呼ばれる。

麦みそ

原料は大豆、麦麹、塩。農家が自家用にしていたことから「田舎みそ」とも呼ばれる。

米みそ

原料は大豆、米麹、塩。国内生産の約80％を占める。米麹の比率が高いものは甘みそ、低いものは辛みそと呼ばれる。

地方みそ

1. 秋田糀（米みそ）
口当たりはなめらかながらもしっかりとした味わいが特徴。従来の秋田みそよりやや甘め。

2. 仙台（米みそ）
伊達政宗が建てたみそ蔵でつくられていたみそにならったみそ。赤色ですっきりした味。

3. 江戸甘（米みそ）
米麹をたっぷり使用するため、濃厚な甘味。大豆を蒸す製法により、濃赤褐色になる。

4. 越後玄米（米みそ）
玄米の麹ならではの豊かなコクと香りが特徴で、肉料理に合う。

5. 加賀麹（米みそ）
キレのある味わいが特徴。辛口が主流だったが、近年ではやや甘口が増えている。

6. 信州五穀（五穀みそ）
大豆、米、そば、ひえ、などの麹を使用し、バランスのとれたうま味が特徴。

7. 信州吟醸白（米みそ）
大豆の外皮を削り中心だけを使用した贅沢みそ。あえものなどに非加熱で使いたい。

8. 高山糀（米みそ）
塩分を抑えてつくられた甘めのみそ。米麹の甘さと風味で、やわらかい味わい。

9. 八丁赤だし（米、豆みそのブレンド）
濃い色と独特の香りが特徴の八丁みそに、西京みそをブレンド。

10. 西京味噌
米麹特有の甘味が特徴のみそ。京料理には欠かせないみそで、雑煮の味つけに使われる。西京漬けにも。

11. 広島からし（米みそ）
とうがらしを合わせて仕込んだ、ぴりっと辛味のあるみそ。油ものや、肉、魚介に合う。

12. 瀬戸内麦（麦みそ）
麦麹の割合が高いみそ。まろやかな甘味と麦ならではの香ばしさが特徴。焼きみそに。

お吸いもの

基本の作り方

材料 (2人分)
あさり…200g、小ねぎのみじん切り…適量
〈吸い地〉

作り方
①あさりは砂抜きして洗い、ざるにあげる。
②鍋に〈吸い地〉を入れ、あさりを加えて煮立て、口が開いたら器に注ぎ、小ねぎのみじん切りを散らす。

〈吸い地〉

すまし汁

はんぺん、糸三つ葉など

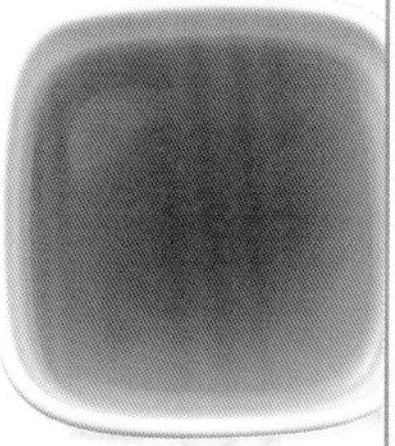

材料
だし汁…1½カップ
酒・薄口しょうゆ…各大さじ½
塩…少量

作り方
鍋に吸い地の材料を合わせて温め、好みの具材を加える。

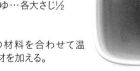

もずく汁

材料
A［だし汁（昆布）…2カップ
　　酒…大さじ1
　　しょうゆ…小さじ½］
しょうがのせん切り…½かけ分
もずく…60g、酢…大さじ½
塩…少量

作り方
鍋にAを合わせて温め、もずくとしょうがを加えたのち、酢を加え、塩で味を調える。

豚汁

基本の作り方

材料 (2人分)
豚バラ薄切り肉…80g　　こんにゃく…⅙枚
油揚げ…½枚　　　　　　だし汁…2½カップ
大根…約1.5cm　　　　　サラダ油…少量
にんじん…⅙本　　　　　みそ…大さじ2
ごぼう…⅙本　　　　　　しょうゆ…少量
じゃがいも…中½個

作り方
①豚肉は2cm幅に切る。油揚げは熱湯を回しかけて油抜きをし、短冊切りにする。大根は短冊切り、にんじんはいちょう切りにする。ごぼうは皮をこそげて斜め薄切りにし、水にさらす。じゃがいもはひと口大に切り、水にさらす。こんにゃくは下ゆでして短冊切りにする。
②鍋にサラダ油を熱し、豚肉を炒める。色が変わったら、だし汁、野菜、こんにゃくを加えて煮立て、アクを取ってごぼうがやわらかくなるまで煮る。
③②に油揚げを加え、みそを溶き入れ、ひと煮立ちしたらしょうゆを加えてひと混ぜする。

基本の豚汁

豚バラ肉、大根、にんじん、ごぼう、じゃがいもなど

材料と作り方
基本の作り方参照。

ごまバター豚汁

キャベツ、豆腐など

材料
みそ…大さじ2、バター…小さじ2
白すりごま…大さじ1

作り方
基本の作り方③で、みそを加えてひと煮して器に盛る。バターをのせて、白すりごまを散らす。

キムチ豚汁

豚バラ肉、にんじん、ごぼう、こんにゃく、絹さやなど

材料
みそ…大さじ1½、キムチの素…大さじ1½

作り方
基本の作り方③で、みそとともにキムチの素を加えてひと煮し、しょうゆは加えない。好みでねぎを散らす。

ビーフシチュー

基本の作り方

材料（4人分）

牛すね肉…500g　　サラダ油…大さじ1
にんじん…1本　　　バター…大さじ1
ペコロス（小玉ねぎ）固形スープの…1個
　…12個　　　　　　トマト…1個
じゃがいも…3個　　にんにく…1かけ
〈漬け込みだれ〉　　デミグラスソース缶…1缶

作り方

①にんじんは大きめの乱切りにし、ペコロスは皮をむく。じゃがいもは4等分に切って、水にさらす。
②ボウルに牛すね肉を入れ〈漬け込みだれ〉を加えて2時間以上漬けこむ。肉を取り出して汁けをふき取り、漬け汁は取っておく。フライパンにバターを熱して肉を焼き、深めの鍋に移す。
③②のフライパンにサラダ油を足し、①を炒めておく。
④漬け汁を②の鍋に入れ、肉がかぶるくらいの水と固形スープを加え、中火で煮る。③の具材、ざく切りにしたトマト、にんにくを加えてざっと混ぜ、ふたを少しずらして1時間煮込む。肉がやわらかくなったらデミグラスソースを加え、ふたをせずに、好みの濃度まで煮詰める。

〈漬け込みだれ〉

基本のビーフシチュー

材料

赤ワイン…1カップ
ローリエ…1枚、ローズマリー…1枝
クローブ…5本、固形スープ…1個

作り方

基本の作り方参照。

和風ビーフシチュー

材料

だし汁…3カップ、トマト…200g
A［トマトケチャップ…大さじ1⅓
　　赤だしみそ…大さじ1½
　　田舎みそ…大さじ1
　　砂糖…大さじ1⅓、しょうゆ…小さじ⅓］

作り方

肉や野菜など好みの具材を食べやすい大きさに切る。小鍋にトマトをつぶし、だし汁、Aとともに混ぜ合わせ、火にかける。肉と野菜を加えて弱火で煮込む。

ホワイトシチュー

基本の作り方

材料（4人分）

鶏もも肉…2枚　　　ブロッコリー…1本
塩・こしょう…各少量　オリーブ油…大さじ1
玉ねぎ…1個　　　　小麦粉…適量
にんじん…1本　　　〈スープ〉
じゃがいも…2個　　〈味つけ〉
　　　　　　　　　　〈水溶きコーンスターチ〉

作り方

①鶏もも肉はひと口大に切り、塩、こしょうをふる。
②玉ねぎはくし形切りに、にんじんは乱切りに、じゃがいもは8等分に切る。ブロッコリーは小房に分ける。
③フライパンにオリーブ油を熱し、鶏肉に小麦粉をまぶして両面を焼く。〈スープ〉を加え、弱火で20分ほど煮る。
④②の野菜を入れて7～8分煮て〈味つけ〉を加えてさらに2～3分煮る。〈水溶きコーンスターチ〉を加えながらとろみをつけて仕上げる。

基本のホワイトシチュー

材料

スープ［固形スープの素…2個
　　　　水…2½カップ］
味つけ［牛乳…1カップ
　　　　塩・こしょう…各適量］
水溶きコーンスターチ
　　［コーンスターチ…大さじ4
　　　水…大さじ8］

作り方

基本の作り方参照。

和風豆乳シチュー

材料

豆乳…2カップ
味つけ［みそ…大さじ2
　　　　しょうゆ…小さじ1、塩…少量］

作り方

基本の作り方の具材を小麦粉とからめながら炒め、粉っぽさがなくなったら豆乳を加えて混ぜる。とろみがついたら、〈味つけ〉を加え、全体がなじむまで混ぜ合わせる。

ポトフ

スープがしみ込んで
甘くなった野菜は
ひと晩ねかせるとさらにおいしく

基本の作り方

材料（4人分）
にんじん…2本
玉ねぎ…1個
ソーセージ…8本
じゃがいも（メークイン）…4個
〈スープ〉
イタリアンパセリ…適量
マスタード…適量
作り方
①にんじんは縦半分、玉ねぎは4等分のくし形切り、じゃがいもはそのままか、大きければ半分に切る。
②深鍋に〈スープ〉の材料を入れ、にんじん、玉ねぎを入れて強火にかけ、煮立ったら弱火で35～40分煮る。
③じゃがいもとソーセージを加えてさらに20分煮て、味をみてもの足りなければ塩少量（分量外）で調える。器に盛ってイタリアンパセリを散らし、マスタードを添える。

ブーケガルニ

数種類の香草を束にしたもので、煮込み料理の香味づけ、肉や魚介の臭い消しとして使う。代表的に使われるハーブはベイリーフ、タイム、パセリ、セロリなど。基本的にはドライハーブでよいが、セロリやパセリは生のものを使う。ときに使う食材や自分の好みでブレンドを楽しめる。市販品で、一回分ずつガーゼなどの袋に入ったものも便利。長く鍋に入れたままにすると苦みが出るので、料理が完成したら取り出して。

〈スープ〉

基本のポトフ

豚肉、野菜など

材料
ローリエ…1枚、固形スープの素…1個
水…5カップ、塩…大さじ½
作り方
基本の作り方②でスープの材料を鍋に入れ、具材を入れて煮る。基本の作り方参照。

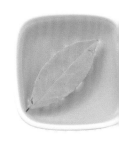

トマトポトフ

鶏肉、野菜など

材料
A［水…4カップ
　　顆粒スープの素…小さじ1］
B［トマト水煮（缶詰）…1缶（400g）
　　塩・こしょう…各少量］
作り方
基本の作り方②でAを鍋に入れ、火の通りにくい具材を先に入れて20分ほど煮る。B、残りの具材を加えてさらに10分煮る。

和風ポトフ

牛肉、野菜など

材料
A［だし汁…5カップ、みりん…小さじ2
　　薄口しょうゆ…小さじ1、塩・こしょう…各適量］
からし…適量
作り方
基本の作り方②でAを鍋に入れ、具材を入れて煮る。基本の作り方参照。器に盛り、からしを添える。

エスニックポトフ

鶏肉、野菜など

材料
水…4カップ、酒…カップ¼
塩…小さじ½、しょうがの薄切り…1かけ分
ナンプラー…大さじ2、赤とうがらし…1本
作り方
基本の作り方②でスープの材料を鍋に入れ、具材を入れて煮る。塩、ナンプラーは好みで増やしてもよい。

クラムチャウダー

基本の作り方

材料（4人分）
あさり…500g
白ワイン…¼カップ
ベーコン（かたまり）…30g
玉ねぎ…1個
じゃがいも…1個
オリーブ油…適量
小麦粉…大さじ4
〈スープ〉
グリンピース…適量
〈仕上げ〉

作り方
①あさりは砂抜きして洗い、鍋に入れる。白ワインを加えてふたをし、強火で2〜3分、貝の口が開いたら火を止めて蒸らす。蒸し汁と貝に分けておく。
②ベーコンは5mm幅の棒状に、玉ねぎは1cm角に、じゃがいもは2cm角に切って、オリーブ油を熱した鍋で炒める。玉ねぎが透き通ってきたら、小麦粉を加えてさらに炒め、粉が全体になじんだら、〈スープ〉を2〜3回に分けて加え、そのつどなじませながらのばす。
③あさりの蒸し汁、グリンピースを加え、静かに混ぜながら煮立つまでは強火、後は弱火で、野菜がやわらかくなるまで煮る。
④あさり、〈仕上げ〉の材料を加えてひと煮立ちさせる。

〈スープ〉〈仕上げ〉

基本のクラムチャウダー

材料
スープ［洋風スープ…2カップ］
仕上げ［牛乳…2カップ、塩…小さじ1弱
　タイム…少量］
作り方
仕上げの材料は合わせておく。基本の作り方参照。

マンハッタン クラムチャウダー

材料
スープ［カットトマト水煮（缶詰）…1缶（400g）
　洋風スープ…1カップ］、ローリエ…1枚
作り方
基本の作り方②で具材を炒め、玉ねぎが透き通ってきたら、小麦粉は入れず、基本の作り方①のあさりの蒸し汁とスープの材料を鍋に入れて煮込む。5分ほど煮込んだらあさりとローリエを加えてさらに3分ほど煮込む。ローリエを取り出し、塩、こしょう各少量（分量外）で調味する。

ガスパチョ

基本の作り方

材料（2人分）
きゅうり…½本
ピーマン…½個
玉ねぎ…¼個
セロリ…¼本
トマト…2個
食パン…½枚
にんにく…½かけ
〈合わせだれ〉
塩・こしょう…各少量

作り方
①トマトは湯むきをし、種を取り除く。
②①、きゅうり、ピーマン、玉ねぎ、セロリ、にんにくをすべてざく切りにする。
③ボウルに②と食パン、〈合わせだれ〉を入れて混ぜ、冷蔵庫で1時間ほど冷やす。
④③をミキサーにかけてなめらかにし、冷水で濃さを調整して、塩・こしょうで味を調える。

〈合わせだれ〉

基本のガスパチョ

材料
オリーブ油…大さじ1
ワインビネガー（赤または白）
　…大さじ½
クミンパウダー…少量
パプリカパウダー…大さじ½
作り方
材料は合わせておく。基本の作り方参照。

和風ガスパチョ

材料
ごま油・酢…各大さじ1
ゆずこしょう…小さじ1
トマト…小3個、玉ねぎ½個
きゅうり…½本
赤ピーマン…大1個
作り方
調味料は合わせておき、基本の作り方③でざく切りにした野菜と食パンを混ぜ合わせてマリネし、ミキサーにかける。基本の作り方参照。

ミネストローネ

基本の作り方

材料（4人分）

じゃがいも…1個	A［オリーブ油
にんじん…1本	…大さじ1
キャベツ…2枚	バター…大さじ½］
セロリ…½本	〈スープ〉
ベーコン…1枚	ローリエ…1枚
玉ねぎの薄切り…1個分	塩…小さじ½
にんにくの薄切り…2～3枚	こしょう…少量

作り方

①じゃがいも、にんじん、キャベツ、セロリは1cm角に切り、ベーコンはせん切りにする。

②鍋にAを熱し、玉ねぎ、にんにく、ベーコンを炒め、香りが立ったら残りの野菜をすべて入れる。弱火にしてふたをし、15分ほど蒸し煮にする。かさが半分くらいになったら、〈スープ〉をひたひたに注いで煮る。野菜がやわらかくなったら残りの〈スープ〉、ローリエを加え、さらに野菜がやわらかくなるまで中火で煮、塩、こしょうで調味する。

〈スープ〉

基本のミネストローネ

材料

スープ［トマト水煮（缶詰）…1缶（400g）
　固形スープの素…1個、水…3カップ］

作り方

固形スープは水によく溶かしておく。使い方は基本の作り方を参照。

和風ミネストローネ

材料

スープ［和風だし…3カップ
　しょうゆ…大さじ½、酒…大さじ1
　塩・こしょう…各少量］

作り方

基本の作り方②で〈スープ〉を加え、野菜がやわらかくなるまで煮る。

ポタージュ

基本の作り方

材料（2人分）

玉ねぎ…¼個	〈スープ〉
バター…大さじ1	〈仕上げ〉
とうもろこし…2本	

作り方

①玉ねぎは薄切りにする。鍋にバターを溶かし、玉ねぎをしんなりするまで炒める。

②とうもろこしは実を包丁でそぎ落とし、①の鍋に加えて炒め合わせる。〈スープ〉の材料を加え、煮立ったら弱火にし、20分煮る。

③②をミキサーにかけて鍋に戻し入れ、〈仕上げ〉の材料を加えて温める。

〈スープ〉〈仕上げ〉

基本のポタージュ

材料

スープ［湯…1½カップ
　固形スープの素…¼個
　塩…小さじ¼、こしょう…少量］
仕上げ［牛乳…½カップ
　塩・こしょう…各適量］

作り方

〈仕上げ〉の材料は合わせておく。
基本の作り方参照。

トマトのポタージュ

材料

玉ねぎ…¾個、白ワイン…½カップ
スープ①［トマト水煮（缶詰）…¾缶（300g）
　タイム（ドライ）…少量
　ローリエ…1枚］
スープ②［固形スープの素…½個
　水…1½カップ］

作り方

基本の作り方①で玉ねぎを炒め、しんなりしたら、白ワインを加えて煮る。〈スープ①〉を加え、トマトを木べらでつぶし、水分をとばしながら煮て、とろっとしてきたら〈スープ②〉を加える。煮立ったら弱火で煮る。ミキサーで攪拌し鍋に戻して温め、塩少量（分量外）を加えて仕上げる。

中華スープ

基本の作り方
材料（2人分）

〈スープ〉
好みの具材（豚肉や野菜など）…適量
水溶き片栗粉…適量
卵…1個

作り方
① 鍋に〈スープ〉を煮立て、豚肉や野菜など好みの具材を加えて煮る。
② 具材に火が通ったら水溶き片栗粉でとろみをつけ、卵1個を割りほぐして加える。

〈スープ〉

中華
コーンスープ

材料
A［酒…小さじ2
　鶏ガラスープの素…小さじ1/2
　塩…小さじ1/3
　こしょう…少量
　水…1½カップ］
クリームコーン缶
　…小1缶（130g）

作り方
鍋にAを煮立て、クリームコーンを入れる。基本の作り方参照。

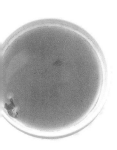

酸辣湯風
（サーラータン）
スープ

材料
酢…大さじ1
鶏ガラスープ…2カップ
豆板醤…小さじ2

作り方
鍋にスープの材料を煮立て、好みの具材を入れて煮る。基本の作り方参照。

ブイヤベース

基本の作り方
材料（2〜3人分）
魚のあら…800g
長ねぎ・玉ねぎ・セロリ…各50g
トマト…2個
えびの殻…8〜10尾分
オリーブ油…小さじ2
水…3カップ

〈合わせ調味料①〉

〈合わせ調味料②〉
トマト水煮（缶詰）
　…1缶（400g）
サフラン…少量
塩…小さじ2/3
こしょう…少量
イタリアンパセリ…適量

作り方
① 魚のあらは身の多い部分（具用）と少ない部分（だし用）とに分ける。だし用は水にさらして血抜きしておく。具用は塩少量（分量外）をふり、湯通しして冷水に取ってうろこをこすり落とし、水けをきる。
② 長ねぎ、玉ねぎ、セロリ、トマトは5mm幅の薄切りにする。
③ 鍋にオリーブ油を中火で熱し、えびの殻を赤くなるまで炒めたら、②の長ねぎ、玉ねぎ、セロリ、魚のあら（だし用）の順に炒める。〈合わせ調味料①〉を加えて炒め、アルコール分を飛ばして水と〈合わせ調味料②〉を加え、煮立ったらアクを取り、弱火にして15分煮る。
④ ふきん（またはキッチンペーパー）を敷いたざるでこす。
⑤ ④を鍋に戻して再び中火にかけ、沸騰したら①のあら（具）、トマト水煮を加え、中火で煮る。火が通ったら②のトマトの薄切りを加え混ぜ、サフラン、塩、こしょうを加えて調味し、イタリアンパセリを散らす。

〈合わせ調味料〉

基本のブイヤベース

材料
合わせ調味料①［白ワイン…1/2カップ
　にんにく…1かけ］
合わせ調味料②［粒こしょう…2粒
　ブーケガルニ…1束］

作り方
基本の作り方参照。

簡単ブイヤベース

材料
合わせ調味料①［白ワイン…1/2カップ
　ローリエ…1枚、にんにく…2かけ
　パセリの茎…2〜3本、タイム（生）…少量］
トマトペースト…大さじ1

作り方
にんにくはつぶしておく。基本の作り方③で合わせ調味料①のみを加えて煮る。作り方⑤でトマト水煮のかわりにトマトペーストを加える。

トムヤムクン

市販のトムヤムペーストで簡単
ハーブを入れて本格的な味に

基本の作り方

材料（2人分）
エリンギ…2本
トマト…½個
えび…2尾
〈スープ〉
〈仕上げ〉
香菜…適量

作り方
①エリンギは薄切りにする。トマトはくし形に切る。えびは背わたを取り、塩水で洗う。
②鍋に〈スープ〉を入れて火にかけ、ひと煮立ちさせる。
③えびを加え、火が通ったらエリンギとトマトを加える。
④〈仕上げ〉を加えて調味し、皿に盛って、刻んだ香菜を飾る。

カピ

トムヤムクンの"クン"は、"えび"という意味。えびはアミノ酸のうま味を多く含むため、料理のだしとしてよく使われる。アジア圏ではオキアミやえびに塩を加えて発酵させ、ペースト状の調味料を作る文化があり、特にタイのえびペーストは「カピ」と呼ばれる。独特の風味が強いが、トムヤムクンの味つけとして少量加えれば、本格的な味わいに。

〈スープ〉〈仕上げ〉

簡単トムヤムクン

材料
スープ［鶏ガラスープの素…小さじ1
　水…3カップ、トムヤムペースト…大さじ2
　こぶみかんの葉…2〜3枚、香菜…1株］
仕上げ［きび砂糖…小さじ1
　レモン汁…小さじ1
　ナンプラー…小さじ½］

作り方
基本の作り方を参照。②で〈スープ〉、④で〈仕上げ〉を加える。

トムヤムクンナームサイ

材料
スープ［トムヤムペースト…大さじ2
　水…3カップ、しょうがの薄切り…2枚
　こぶみかんの葉…2枚
　レモングラス…⅛本、青とうがらし…2本］
仕上げ［ナンプラー…大さじ1
　レモンの絞り汁…大さじ1
　鶏ガラスープの素…小さじ½］

作り方
基本の作り方を参照。②で〈スープ〉、④で〈仕上げ〉を加える。

トムヤムクンナームコン

材料
スープ［トムヤムペースト…大さじ1
　水…2 ½カップ、ココナッツミルク…½カップ
　香菜のみじん切り…適量］
仕上げ［レモン汁…大さじ1、ナンプラー…大さじ2］

作り方
基本の作り方を参照。②で〈スープ〉、④で〈仕上げ〉を加える。

洋風、中華風、韓国風、エスニック風のジャンル別に、用意しておきたい材料をご紹介します。これだけキッチンにそろえておけば、家にいながら世界の味が楽しめます。

韓国風

粉唐辛子

コチュジャン

韓国料理の辛さの決め手となるのが、コチュジャンと粉とうがらし。韓国産の粉とうがらしは、種を取り除いて粉にしているので、日本の一味とうがらしよりも意外とマイルドな辛さです。そのほか、焼き肉のたれがあると、手軽に味が決まります。

洋風

バター

白ワイン

ヨーグルト

生クリーム

洋風のたれ・ソース・ドレッシングでは、サラダ油やオリーブ油のほか、バターも欠かせない材料。酒のかわりに、白ワイン、赤ワインも用意しておきましょう。トマト味の料理には、トマトピューレとトマト水煮も。だしはコンソメスープの素を使います。ディル、ナツメグ、シナモン、バジル、ローリエ、チリパウダー、ローズマリー、オレガノなど、スパイスやハーブも乾燥タイプのものを各種そろえておくとグッと本格的な味わいに。そのほか、サワークリームや粉チーズなどの乳製品や、パン粉、粒マスタード、アンチョビ、ケイパーなどもよく使います。

中華風

豆板醤

甜麺醤

オイスターソース

中華風の味つけに欠かせないのがオイスターソースと鶏ガラスープの素。辛味にはラー油も必需品。そのほか、豆板醤、甜麺醤、XO醤、豆鼓、花椒、紹興酒、黒酢などもそろえておくと、本場に近い味に仕上がります。

エスニック風

ココナッツミルク

カレー粉

ナンプラー

ピーナッツバター

タイ料理やベトナム料理などのエスニック料理には、ナンプラーが欠かせません。そのほか、ココナッツミルク、ピーナッツバター、スイートチリソースなどがあるとより本格的に。カレー粉やクミンシードなどのスパイス類もよく使われる材料です。

基本の作り方

材料（4人分）
好みの具材
〈ベース〉
〈つけだれ〉

作り方
① 鶏肉や白菜など、好みの具材を用意し、食べやすい大きさに切っておく。
② 鍋に具材と〈ベース〉を入れ、火が通ったら〈つけだれ〉につけて食べる。

ゆずこしょう

今や全国的に有名になったが、もとは九州地方の家庭でゆずの保存のために作られていた調味料。ゆずこしょうの"こしょう"は青とうがらしを意味し、さわやかな香りとぴりっとした辛味が特徴。鍋やめん類の薬味としてはもちろん、パスタソースやソテーなど幅広く使える。

〈ベース〉

トマトベース

魚介、ウインナーなど

材料
A [トマトジュース（有塩）…3カップ弱
　　トマトケチャップ…大さじ1
　　顆粒洋風スープの素…大さじ1/2
　　にんにく…2かけ、塩…大さじ1/2、水…3カップ]
オリーブ油…大さじ1

作り方
にんにくは縦半分に切って包丁などでつぶす。鍋にAを入れて混ぜ、煮立ったらオリーブ油を加える。

しょうゆベース

鶏肉、白菜など

材料
だし汁…5カップ
しょうゆ…1/4カップ
みりん・酒…各1/3カップ
砂糖…大さじ1、塩……小さじ1

作り方
材料を鍋に入れてひと煮立ちさせ、好みの具材を煮る。

ホワイトベース

かき、きのこ類など

材料
A [玉ねぎの薄切り…1/2個分
　　顆粒洋風スープの素…大さじ1/2、塩…小さじ1
　　こしょう…少量、水…3カップ]
牛乳…2 1/2カップ
B [バター・小麦粉…各大さじ4]

作り方
鍋にAを入れて混ぜ、強火にかける。煮立ったらふたをして弱火で5分ほど煮る。牛乳を加えて沸騰直前まであたためる。混ぜ合わせたBにベースを少し加えて溶きのばし、鍋に戻して2〜3分煮る。

ごまみそベース

豚バラ肉、キャベツなど

材料
A [にんにくのすりおろし・
　　しょうがのすりおろし…各小さじ1
　　しょうゆ…大さじ1/2、酒…1/4カップ
　　顆粒鶏ガラスープの素…小さじ2
　　水…6カップ]
みそ…大さじ5、白すりごま…大さじ4

作り方
鍋にAを入れて混ぜ、強火にかける。煮立ったらみそを溶き入れ、すりごまを加える。

木の芽だれ

材料
西京みそ・だし汁…各大さじ3
砂糖…大さじ1
しょうゆ…大さじ½
酢…小さじ2、木の芽…ひとつかみ
作り方
材料をよく混ぜ合わせる。

甘みそだれ

材料
甜麺醤…大さじ3
酒・しょうゆ…各大さじ1½
顆粒鶏ガラスープの素
　　…大さじ2
作り方
材料を鍋に入れてよく混ぜ合
わせ、ひと煮立ちさせる。

おろし
ポン酢だれ

材料
大根おろし…1カップ
ポン酢…大さじ3
薄口しょうゆ…大さじ2
一味とうがらし…少量
作り方
材料をよく混ぜ合わせる。

香味ごまだれ

材料
白すりごま…大さじ2〜3
にんにくのすりおろし
　　…小さじ½
しょうがのみじん切り
　　…1かけ分
こしょう…小さじ½
塩麹…大さじ2
作り方
材料をよく混ぜ合わせる。

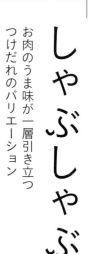

しゃぶしゃぶ

お肉のうま味が一層引き立つ
つけだれのバリエーション

しゃぶしゃぶ鍋
しゃぶしゃぶに使うドーナッツ状の鍋は、中国から伝わったものと言われている。普通の鍋よりも表面積が大きいため、温度の低下を防ぐ効果があり、しゃぶしゃぶには最適な形の鍋。

基本の作り方

材料（作りやすい分量）
牛薄切り肉…600〜800g
好みの野菜、だし汁…各適量
〈つけだれ〉
作り方
①牛肉は1枚ずつ取りやすいようにはがしてから器にのせる。野菜類は食べやすい大きさに切る。
②鍋にだし汁を入れ、煮立ったら牛肉を箸でつまみ、お湯の中を泳がせるようにしてさっと引きあげ、〈しゃぶしゃぶのたれ〉をつけて食べる。

塩だれ

材料
だし汁…½カップ
にんにくのすりおろし…小さじ½
白すりごま…小さじ1、ごま油…大さじ½
塩…小さじ¼
小ねぎの小口切り…1〜2本分
片栗粉・水…各大さじ1
作り方
小鍋にごま油を中火で熱し、にんにく、小ねぎを炒める。香りが立ったらだし汁を加え、煮立ったら塩、すりごまを加える。水溶き片栗粉を加え、とろみをつけて火を止める。

レモンとろろだれ

材料
長いも…120g、玉ねぎ…⅛個
レモン汁…大さじ1½
しょうゆ…大さじ1
だし汁…¼カップ
作り方
長いもと玉ねぎはすりおろし、残りの材料とよく混ぜ合わせる。

〈つけだれ〉

ポン酢しょうゆ

材料
ゆず（またはだいだいのしぼり汁）
　…大さじ2
薄口しょうゆ…¼カップ
砂糖…小さじ½、酒…大さじ1
みりん…大さじ1⅔
作り方
耐熱容器に酒とみりんを入れ、ラップをかけずに電子レンジ（500W）で1分30秒加熱して冷ます。残りの材料を入れ、混ぜ合わせる。

梅肉しょうゆ

材料
梅肉…大さじ5、しょうゆ…1カップ
みりん・酒…各⅓カップ
砂糖…大さじ1
作り方
小鍋に材料を入れてよく混ぜ合わせ、強めの中火にかけ、ひと煮立ちしたら火を止めて粗熱を取る。

ごまだれ

材料
練りごま…大さじ2
砂糖…小さじ½
しょうゆ・煮きりみりん・だし汁
　…各大さじ1⅔
作り方
材料をよく混ぜ合わせる。

おでん

寒い冬にぴったりのおでん
定番のほかに
洋風やカレー味も

〈スープ〉

濃いめのつゆ

材料
だし汁…5 ½ カップ
酒…大さじ2、砂糖・みりん…各大さじ1 ⅓
しょうゆ…大さじ4

作り方
鍋にスープの材料を入れてひと煮立ちさせ、
煮えにくい具材から順に煮る。

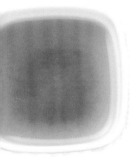

あっさりつゆ

材料
だし汁…8カップ
薄口しょうゆ…大さじ4
みりん…大さじ2

作り方
鍋にスープの材料を入れてひと煮立ちさせ、
煮えにくい具材から順に煮る。

洋風おでん

材料
コンソメスープ…5カップ
白ワイン…大さじ4
塩…小さじ1、こしょう…少量

作り方
鍋にスープの材料を入れてひと煮立ちさせ、
煮えにくい具材から順に煮る。

みそカレーおでん

材料
カレールウ…20g
A [赤だしみそ…50g
　　顆粒鶏ガラスープの素…小さじ2
　　砂糖…大さじ2
　　水…4 ½ カップ]

作り方
鍋にAを入れて火にかけ、煮立っ
たら、一度火を止めてカレールウ
を溶かし、煮えにくい具材から順
に煮る。

基本の作り方

材料（4人分）

大根…½本	ごぼう巻き…8本
こんにゃく…1枚	ゆで卵…4個
ちくわ…2本	〈スープ〉
はんぺん…2枚	結び昆布…8本
厚揚げ…1枚	

作り方
① 大根は2cm厚さの半月切りにして皮をむき、米のと
ぎ汁で10〜15分ゆでる。こんにゃくは斜め4等分
に切り、大根のゆで湯に加えてさっとゆでる。ちく
わは斜め半分に切る。はんぺんは4等分の三角形
に切る。厚揚げは斜め4等分に切り、ごぼう巻きと
ともに熱湯でさっとゆでる。ゆで卵は殻をむく。
② 鍋に〈スープ〉を入れて火にかけ、大根、こんにゃく、
結び昆布、ゆで卵を入れて、煮立ったら弱火にし、
ふたをして20分煮る。
③ ちくわ、はんぺん、厚揚げ、ごぼう巻き、その他好
みの具材を加え、さらに15分煮る。

すき焼き

甘辛いたれのしみ込んだ牛肉は
最高のごちそう

基本の作り方

材料（4人分）

牛ロース肉…600g　　春菊…1束
長ねぎ…2本　　　　牛脂…適量
しらたき…200g　　〈割り下〉
焼き豆腐…1丁

作り方

① 牛ロース肉は2〜3等分に切る。長ねぎは1cm幅の斜め切り、しらたきは下ゆでして食べやすい大きさに切る。焼き豆腐は10等分くらいに切る。春菊は5cm長さに切る。
② すき焼き鍋を熱し、牛脂を鍋全体になじませる。長ねぎと牛肉を鍋に入れ、肉の両面に焼き色をつけたら〈割り下〉を回しかける。
③ 弱火にしてその他の具材を加え、全体に色づくまで煮る。

砂糖

関西風のすき焼きの牛肉は、砂糖をかけて焼く。すると一段とおいしく、やわらかく煮える。することで肉の繊維が広がり、さらに砂糖の種類を変えるように、割り下の味がよくしみ込むようになる。砂糖を先に入れることで肉の繊維が広がり、さらに砂糖の種類を変えれば、割り下の味わいを楽しめる。最も一般的な上白糖は、粒子が細かくシロップを含んでいるため、しっかりと甘味をつけるのに向く。ざらめ糖は香りとコクがあり、美しい照りを出せるのが特徴。黒糖を使えば、その独特の風味と自然な甘さですっきりとした味わいのすき焼きになる。

〈割り下〉

関東風すき焼き

材料

A［酒・みりん・しょうゆ…各½カップ
　砂糖…⅓カップ]
だし汁（昆布）…適量

作り方

Aを半量まで煮詰め、だし汁を加える。

関西風すき焼き

材料

ざらめ糖…大さじ6、酒…大さじ2
しょうゆ…大さじ5、だし汁（昆布）…適量

作り方

肉を焼くときにざらめ糖と酒をふり、軽く色づいたらしょうゆとだし汁を加え、他の具材を加えて煮る。

赤ワインすき焼き

材料

赤ワイン・しょうゆ・みりん…各¼カップ
砂糖…大さじ1、粗びき黒こしょう…適量

作り方

小鍋に材料を入れて煮立たせ、割り下として肉を焼いたすき焼き鍋に加える。

韓国風すき焼き

材料

しょうゆ…大さじ4
にんにくのすりおろし…1かけ分
酒…大さじ2、砂糖…大さじ1½
ごま油…大さじ2
白いりごま・粉とうがらし…各大さじ½

作り方

材料をよく混ぜ合わせ、割り下として肉を焼いたすき焼き鍋に加える。

「めん」の
基本とアレンジ

117

焼きうどん

うどん

焼きうどんの作り方

材料（2人分）

ゆでうどん…2玉　　しいたけ…4枚
豚こま切れ肉…150g　しめじ…½パック
ちくわ…小2本　　〈合わせだれ〉
玉ねぎ…¼個　　サラダ油…大さじ4
にんじん…⅓本　　こしょう…適量
小ねぎ…½束

作り方

① 豚肉は食べやすい大きさに切り、ちくわは5mm幅の輪切り、玉ねぎは薄切り、にんじんは3cm長さの短冊切り、小ねぎは4cm長さに切る。
② しいたけは軸を切り落として薄切り、しめじは石づきを取り小房に分ける。
③ うどんは流水でほぐし、よく水けをきっておく。
④ フライパンにサラダ油を熱し、豚肉、玉ねぎを炒め、ちくわ、にんじん、しいたけ、しめじも加えて炒める。野菜がしんなりしたら、小ねぎも加え、さっと炒める。
⑤ うどんを加えてざっくりと炒め合わせ、〈合わせだれ〉を回しかけ、こしょうをふって味をなじませる。

〈合わせだれ〉

基本の焼きうどん

材料

しょうゆ…大さじ2
オイスターソース…大さじ2

作り方

材料をよく混ぜ合わせ、焼きうどんの作り方⑤でめんにからめて炒める。

梅昆布焼きうどん

材料

しょうゆ…小さじ1
梅肉・塩昆布…各大さじ1
白いりごま…大さじ2

作り方

材料をよく混ぜ合わせ、焼きうどんの作り方⑤でめんにからめ、こしょうは入れずに炒める。

京風うどん

材料（2人分）

A［みりん・薄口しょうゆ…各大さじ2
　だし汁…4カップ、塩…少量］
ゆでうどん…2玉、かまぼこ…4切れ、小ねぎ…適量

作り方

① 鍋にAを入れ、煮立てる。
② うどんを加えてひと煮し、どんぶりに移す。かまぼこ、小ねぎの小口切りをのせる。

カレーうどん

材料（2人分）

サラダ油…適量、鶏胸肉…100g、
玉ねぎ…½個、酒…適量、だし汁…2カップ
A［みりん・しょうゆ…各大さじ1、塩…小さじ¼］
B［小麦粉…小さじ3、カレー粉…大さじ1〜2
　牛乳…¾カップ］
ゆでうどん…2玉

作り方

① 鶏肉は食べやすい大きさに切り、玉ねぎは薄切りにする。Bは混ぜ合わせておく。
② 鍋にサラダ油を熱し、鶏肉を炒め、色が変わったら玉ねぎを加え、しんなりとしたら酒をふる。
③ だし汁を加えて煮立て、弱火にしてアクを取り、A、Bを加え、よく混ぜる。もう一度煮立ったら、うどんを入れたどんぶりにかける。

みそ煮込みうどん

材料（2人分）

油揚げ…1枚、鶏もも肉…½枚、しいたけ…2枚
長ねぎ…½本
A［八丁みそ…大さじ4⅓、糀みそ…大さじ1
　だし汁…4カップ、みりん…大さじ4
　砂糖…小さじ2］
ゆでうどん…2玉、卵…2個

作り方

① 油揚げ、鶏肉、しいたけ、長ねぎは食べやすい大きさに切っておく。
② Aを鍋に入れて火にかけ、みそを溶きのばす。うどん、油揚げ、鶏肉、しいたけを加えてひと煮し、ねぎを加え、卵を割り入れてふたをする。卵にほどよく火が通ったら火を止める。

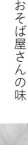
〈つゆ〉

基本のつけつゆ

材料
みりん・しょうゆ…各¼カップ
だし汁…¾カップ、かつお節…大さじ1½

作り方
かつお節以外の材料を鍋に入れ、ひと煮
立ちさせたら、かつお節を加える。再沸騰
させてすぐに火を止め、しばらくしてからこす。

きのこつけ汁

材料
みりん・しょうゆ…各大さじ2、砂糖…少量
だし汁…½カップ
えのきだけ…½袋、しいたけ…3～4枚
しめじ…½パック

作り方
きのこ類を耐熱容器に入れ、しんなりする
まで電子レンジ（500W）で加熱する。残り
の材料も加え、電子レンジで煮立たせる。

くるみ汁

材料
めんつゆ（2倍濃縮タイプ）…¼カップ
くるみ…30g、水…½カップ
コーヒークリーム…4個

作り方
くるみ以外の材料を混ぜ合わせておく。く
るみはすり鉢でペースト状になるまですりつ
ぶし、混ぜ合わせておいた残りの材料を少
しずつ加えのばしながらよく混ぜ合わせる。

カリフォルニア
つゆ

材料
めんつゆ（2倍濃縮タイプ）…½カップ
レモン汁…大さじ2、水…1カップ
アボカド…1個、青じそのせん切り…2枚分
わさび…適量

作り方
材料をよく混ぜ合わせる。

基本の作り方

材料と作り方（2人分）
① 鍋にたっぷりの湯を沸かし、乾めん200gを表示時
　間どおりにゆでる。
② 水に取ってよく洗い、水けをしっかりきる。
③ 器に盛り、〈つゆ〉につけて食べる。

いろいろな〝節〟
かつお節が最も一般的だが、ほかに
もさば節、そうだ節、まぐろ節など、
たくさんの種類がある。〝節〟の代表
ともいえるかつお節は、ほかの魚に
比べてうま味成分が豊富。あっさり
とした風味が特徴のさば節は、関東
では厚削りが、関西では薄削りが混
合節としてよく使われる。まぐろ節
は流通量が少なくあまりなじみがな
いが、色が薄く上品なだしがとれる
ため、お吸いものなどに向く。

そうめん

夏の定番は
つゆのアレンジでマンネリ知らず

基本の作り方

材料（2人分）

そうめん…3束

〈つゆ〉

作り方

① たっぷりの湯を沸かし、そうめんを入れて菜箸で大きく混ぜ、袋の表示時間どおりにゆでる。

② ざるにあげて流水に当て、冷めたら流水か氷水でもみ洗いし、しっかりと水けをきる。

③ 器に盛り、〈つゆ〉にめんをつけていただく。

そうめん、ひやむぎ、うどん

いずれも小麦粉に塩と水を加えて練り、製めんして乾燥させたもので、太さによって呼び名が変わる。そうめんは日本のめんのなかで最も細いめんとされ、冷やしめん、温めん、焼きめんなどどんな調理法にも合う。ひやむぎはそうめんとうどんの中間の太さで、関東ではそうめんと同じように食べられる。うどんは、讃岐うどんのようにコシの強いものから、稲庭うどんのように細くてなめらかなものまで、たくさんの種類がある。

納豆つゆ
材料
納豆…1パック、めんつゆ（3倍濃縮タイプ）…½カップ
水…1カップ、練りがらし…小さじ⅓
小ねぎの小口切り…適量
作り方
納豆は包丁で粘りが出るまで細かくたたき、
残りの材料とよく混ぜ合わせる。

のりわさびつゆ
材料
だし汁…1カップ、のりの佃煮…大さじ3
ごま油…小さじ1、練りわさび…小さじ½
作り方
材料をよく混ぜ合わせる。

みそラーメン風つゆ
材料
みそ…大さじ2、にんにくのすりおろし…少量
顆粒鶏ガラスープの素…小さじ1
水…1½カップ、ごま油…大さじ1
粗びき黒こしょう…少量
作り方
みそ以外の材料を小鍋に入れて1～2分煮
て、みそを溶き入れ、火を止める。

中華風ごまつゆ
材料
めんつゆ（3倍濃縮タイプ）…大さじ2½
オイスターソース…小さじ1
しょうがのすりおろし…½かけ分
にんにくのすりおろし…少量
黒すりごま・ごま油…各大さじ1
練りがらし…小さじ¼、水…½カップ
作り方
材料をよく混ぜ合わせる。

塩レモンつゆ
材料
だし汁（昆布）…1¼カップ、レモン汁…1個分
みりん…大さじ2、塩…小さじ2
作り方
材料をよく混ぜ合わせる。

おろしきゅうりの
しょうがつゆ
材料
めんつゆ（3倍濃縮タイプ）…大さじ2
ごま油…小さじ1、塩…少量
きゅうりのすりおろし…2本分
しょうがのすりおろし…½かけ分
黒いりごま…大さじ1
練りわさび…小さじ¼、水…大さじ1½
作り方
材料をよく混ぜ合わせる。

〈つゆ〉

基本の
そうめんつゆ
材料
だし汁…1カップ
みりん・しょうゆ…各大さじ⅔
作り方
小鍋に材料を入れ、中火にかける。沸
騰したらアクを除き、火を止める。

カレー南蛮つゆ
材料
カレー粉…小さじ1強
めんつゆ（2倍濃縮タイプ）…¼カップ
水…1½カップ、サラダ油…小さじ2
作り方
材料をよく混ぜ合わせる。

ごまだれ
材料
白練りごま…大さじ2、めんつゆ
　（ストレートタイプ）…¾カップ
砂糖…小さじ½
作り方
材料をよく混ぜ合わせる。

みそ豆乳だれ
材料
みそ…小さじ2½
しょうゆ…小さじ2
顆粒かつおだしの素…小さじ1
砂糖…小さじ⅔
豆乳（成分無調整）…¾カップ
酢…小さじ2
作り方
豆乳以外の材料をよく混ぜ合わせ、
豆乳でのばしながらさらに混ぜる。

トマトポン酢つゆ
材料
トマトのすりおろし…1個分
にんにくのすりおろし…少量
ポン酢しょうゆ…大さじ2
オリーブ油…小さじ1
はちみつ…小さじ½
塩…小さじ¼、水…大さじ2½
作り方
材料をよく混ぜ合わせる。

パスタ

毎日でも食べたいパスタ
使うオイルにこだわってグレードアップ

基本の作り方

作り方（2人分）
スパゲティ…160g
湯…2ℓ
塩…大さじ1¼（湯の量の1%）
〈ソース〉

材料
①沸騰した湯に塩を入れる。スパゲティを加えて、お湯が小さく沸騰するくらいの状態で袋の表示どおりにゆでる。
②フライパンに〈ソース〉を熱し、ゆであがったスパゲティを加えてからめ、器に盛る。

〈ソース〉

ペペロンチーノ

材料
にんにくの薄切り…2かけ分
赤とうがらしの小口切り…2本分
オリーブ油…大さじ3
作り方
フライパンにオリーブ油とにんにくを入れ、弱火にかける。香りが立ったら赤とうがらしを加える。基本の作り方②でゆでたスパゲティとからめる。

カルボナーラ

材料
A［生クリーム…大さじ4
　卵黄…1個分
　粉チーズ…大さじ3
　粗びき黒こしょう…少量］
ベーコン…4枚
オリーブ油…大さじ1
作り方
Aはよく混ぜ合わせておく。フライパンにオリーブ油とベーコンを入れ、ベーコンがカリカリになるまで炒める。基本の作り方②でゆでたスパゲティをフライパンに加え、炒め合わせたら火を止めて、混ぜ合わせたAをからめる。

アボカドクリーム

材料
牛乳…大さじ4
オリーブ油…大さじ3
塩…小さじ⅓
こしょう…少量
粉チーズ…大さじ1強
アボカド…1個

作り方
アボカドは縦半分に切って種を取り、皮を
むいて粗くつぶす。材料を混ぜ合わせ、基
本の作り方②でスパゲティにからめる。

ポルチーニのクリーム

材料
赤ワイン…大さじ2
生クリーム…大さじ4
にんにくのみじん切り
　…⅓かけ分
バター…小さじ1
オリーブ油…大さじ1
フォンドヴォー…¼カップ
チキンブイヨン…大さじ2
ポルチーニ（乾燥）…5g
エリンギ…2本

玉ねぎのみじん切り
　…大さじ1
塩・こしょう
　…各適量

作り方
ポルチーニは¼カップの水につけて戻し、ざく切りに
する（戻し汁は取っておく）。エリンギは薄切りにする。
フライパンにオリーブ油、バター、にんにくを入れて
弱火にかけ、香りが立ったら玉ねぎを炒める。玉ねぎ
の水分がなくなるまで炒めたらポルチーニとエリンギ
を加えて炒め、赤ワインを加えてアルコール分をとば
し、フォンドヴォー、チキンブイヨン、ポルチーニのも
どし汁⅛カップを加えて軽く煮込む。生クリームを加
え、塩、こしょうで調味し、基本の作り方②でゆでた
スパゲティにからめる。

オリーブ油

オリーブの果実を圧搾したオ
リーブ油は、主に地中海地方で
生産され、パスタやマリネな
どの地中海料理には欠かせな
いオイル。健康効果が注目さ
れたこともあり、日本でもすっ
かりおなじみとなり、和食と
の相性もよい。オリーブ油に
は国際基準があり、風味や酸
度でクラス分けされる。果実
を低温圧搾しただけのジュー
スをバージンオイルと呼び、
各種検査された最高ランクの
ものをエキストラバージン
（EXV）オイルと呼ぶ。

エキストラバージン
バージンオイルのうち最も
ハイクラスの油。オリーブ
特有の風味と香りが豊かで、
ドレッシングやマリネなど、
加熱せずに使われることが
多い。

ピュア
精製オリーブオイルに、バー
ジンオリーブオイルを配合
したもの。主に加熱用に使
われるが、穏やかなオリーブ
の香りをつけたいときにも。

ノンフィルター
ろ過されていないエキスト
ラバージンオイル。細かい
果実を含み、ぴりっとした
苦味とフルーティーな香り
がある。ドレッシングに使
えば、ワンランク上の味に
なること間違いなし。

ポモドーロ
材料
トマト水煮（缶詰）…1缶
にんにくのみじん切り…1かけ分
玉ねぎのみじん切り…¼個分
オリーブ油…大さじ3
塩…小さじ⅓
水…½カップ
作り方
トマト缶をボウルにあけ、つぶしておく。鍋にオリーブ油、にんにくを入れ、弱めの中火にかける。玉ねぎを加えて炒め、つぶしたトマトと分量の水を加え、時々混ぜながら中火で15分ほど煮る。途中で煮詰まってきたら水適量（分量外）を加える。ソースがオレンジ系の赤みを帯びてきたら、塩で調味し、P.122の基本の作り方②で、ゆでたスパゲティにからめる。

ミートソース
材料
牛ひき肉…300g
玉ねぎのみじん切り…小1個分
ピーマンのみじん切り…2個分
にんじんのみじん切り…½本分
トマト水煮（缶詰）…½缶（200g）
トマトジュース…½カップ
固形スープの素…1½個、ローリエ…1枚
ウスターソース・トマトケチャップ…各大さじ1½
塩・こしょう…各少量、オリーブ油…適量
作り方
鍋にオリーブ油を熱し、ひき肉、玉ねぎ、ピーマン、にんじんを入れて炒め、残りの材料を加えて煮る。P.122の基本の作り方②で、ゆでたスパゲティにからめる。

梅じそ
材料
しょうゆ…大さじ1、梅肉ペースト…大さじ2
とろろ昆布…大さじ2、だし汁…大さじ3
青じそのせん切り…4枚分、しらす…大さじ6
白ごま…適量
作り方
材料をよく混ぜ合わせ、P.122の基本の作り方②で、ゆでたスパゲティにからめる。

ツナみそ
材料
みそ…小さじ2〜3、ツナ缶…40g
マヨネーズ…大さじ3、オリーブ油…大さじ2
こしょう…少量
七味とうがらし…適宜
作り方
材料をよく混ぜ合わせ、P.122の基本の作り方②で、ゆでたスパゲティにからめる。

たらこ
材料
たらこ…1腹、バター…大さじ3
白ごま…適量
作り方
たらこはスプーンなどでこそげ、バター、白ごまと混ぜ合わせて、P.122の基本の作り方②で、ゆでたスパゲティにからめる。

〈ソース〉

基本の焼きそば

材料
中濃ソース…大さじ3
オイスターソース…小さじ2½
塩・こしょう…少量
作り方
材料を混ぜ合わせ、基本の作り方③でめんにからめながら炒める。

塩焼きそば

材料
酒…大さじ1
しょうゆ…大さじ½、塩…小さじ¼
顆粒鶏ガラスープの素…大さじ½
こしょう…少量
作り方
材料を混ぜ合わせ、基本の作り方③でめんにからめながら炒める。

カレー風味焼きそば

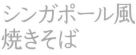

材料
カレー粉…小さじ⅓ 〜½
砂糖…ひとつまみ、しょうゆ…大さじ1
塩…小さじ¼、こしょう…少量
作り方
材料を混ぜ合わせ、基本の作り方③でめんにからめながら炒める。

シンガポール風
焼きそば

材料
砂糖…小さじ1⅓
ココナッツミルク…½カップ
ナンプラー・オイスターソース・カレー粉
　…各小さじ2 〜大さじ1
作り方
材料を混ぜ合わせ、基本の作り方③でめんにからめながら炒める。

ナポリタン風焼きそば

材料
しょうゆ…小さじ1
トマトケチャップ…大さじ4
塩・粗びき黒こしょう…各少量
作り方
材料を混ぜ合わせ、基本の作り方③でめんにからめながら炒める。

基本の作り方

作り方（2人分）
豚バラ薄切り肉…150g　　中華蒸しめん…2玉
キャベツ…大2 〜3枚　　サラダ油…大さじ1
ピーマン…1個　　　　　〈ソース〉
材料

① 豚バラ薄切り肉、キャベツ、ピーマンは食べやすい大きさに切る。中華蒸しめんは袋に切り込みを入れて電子レンジ（500W）で2分ほど加熱する。
② フライパンにサラダ油を熱し、豚肉を炒める。野菜を加えて炒め合わせ、蒸しめんをほぐしながら入れ、炒め合わせる。
③ 〈ソース〉を加え、全体をからめる。

市販のソースいろいろ
トマトや玉ねぎなどの野菜、りんごやみかんなどの野菜、砂糖と塩、香辛料などを加えて煮込み、熟成させたソース。関東では圧倒的にウスターソースが人気。関西では中濃ソースが主流だが、日本国内でも様々な種類があり、お好み焼きソースやトンカツソースなど、料理によって使い分ける。たくさんの野菜や香辛料が含まれるため、そのままかけるほか、隠し味としても優秀な調味料。

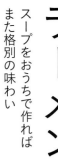

ラーメン

スープをおうちで作れば
また格別の味わい

基本の作り方

材料（2人分）
中華めん…2玉
〈スープ〉
好みの具材

作り方
めんをたっぷりの熱湯でゆで、あつあつの〈スープ〉を
注いだ丼に入れる。好みの具材をのせる。

万能中華調味料 "味覇"

鶏ガラ、豚骨、野菜エキス、スパイス、塩などの入った調味料。ペースト状で使いやすく、中華料理はもちろん、和食や洋食にも幅広く使える。お湯に溶かすだけで、本格中華スープの出来上がり。

〈スープ〉

しょうゆラーメン

材料
しょうゆ…大さじ2½
鶏ガラスープ…4カップ
オイスターソース…小さじ⅔
こしょう…適量
長ねぎの小口切り…½本分

作り方
鍋に材料を入れ、煮立たせる。

みそラーメン

材料
酒・砂糖…各大さじ1
甜麺醤・しょうゆ…各大さじ2
芝麻醤…大さじ½
鶏ガラスープ…4カップ
にんにく・しょうが…各½かけ
長ねぎ（青い部分）…½本
サラダ油…大さじ4

作り方
にんにく、しょうが、長ねぎはたたいてサラダ油でよく炒め、取り出す。同じ鍋に残りの材料を入れ、煮立たせる。

塩ラーメン

材料
酒…大さじ1
鶏ガラスープ…4カップ
塩…大さじ½

作り方
鍋に材料を入れ、煮立たせる。

冷やし中華

基本の作り方

材料（2人分）
きゅうり…⅔本　　中華めん…2玉
ハム…50g　　　　ごま油…少量
卵…1個　　　　　〈かけだれ〉
サラダ油…適量

作り方
①きゅうり、ハムはせん切りにする。卵はボウルに割りほぐし、サラダ油を熱したフライパンに流し入れ、薄焼き卵にして細切りにする。
②たっぷりの熱湯に中華めんをほぐし入れ、袋の表示どおりにゆでる。ざるにあげ、流水でもみ洗いし、冷水で冷やす。水けをきり、ごま油をからめて器に盛る。①の具をのせ、〈かけだれ〉をかける。好みで青じそや刻みのりを散らす。

〈かけだれ〉

しょうゆだれ

材料
しょうゆ…大さじ2
だし汁…½カップ
砂糖…大さじ1
酢…大さじ1～2
ごま油…大さじ½

作り方
材料をよく混ぜ合わせる。

ごまだれ

材料
しょうゆ・酢…各大さじ1½
白練りごま…大さじ2
砂糖…大さじ1
ごま油…大さじ½

作り方
材料をよく混ぜ合わせる。

冷めん

基本の作り方

材料（2人分）
きゅうり…½本　　水キムチ…適量
ゆで卵…1個　　　糸とうがらし…適量
冷めん…2玉　　　〈スープ〉

作り方
①きゅうりはせん切りにする。ゆで卵は卵カッターなどを使い、5mm幅の薄切りにする。
②冷めんを袋の表示どおりにゆで、冷水に取ってよくもみ洗いし、ぬめりを取って水けをしぼる。
③器にめんを盛り、きゅうり、ゆで卵、水キムチをのせたら〈スープ〉を注ぎ入れ、糸とうがらしをのせる。好みで酢、溶きがらしを加えながら食べる。

〈スープ〉

基本の冷めん

材料
牛すねかたまり肉…200g
A［にんにく…½かけ
　しょうがの薄切り…1枚
　昆布（10cm角）…1枚
　顆粒鶏ガラスープの素…小さじ1½
　塩…小さじ2、水…4カップ］
水キムチの汁…½カップ

作り方
鍋にAと牛すねかたまり肉を入れて、強火にかけ、煮立ったらアクを取り、弱火で1時間煮込む。肉がやわらかくなったら火を止めてそのまま冷ます。冷めたら肉を取り出してこし、水キムチの汁と混ぜ合わせ、塩適量（分量外）で味を調える。基本の作り方③で器に注ぎ入れる。
※残った牛すね肉はそのままからしをつけて食べるとおいしい。

ピーナッツだれ冷めん

材料
ピーナッツのみじん切り…大さじ2
マヨネーズ・トマトケチャップ・チリソース・
　ナンプラー…各大さじ1
にんにくのすりおろし…小さじ½
チキンブイヨン…大さじ3

作り方
材料をよく混ぜ合わせ、基本の作り方③で器に注ぎ入れる。

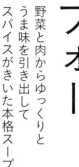

フォー

基本の作り方

材料（4人分）
フォーのめん…200g
牛薄切り肉…200g
小ねぎ…適量
粗塩…適量

〈スープ〉

作り方

① 鍋に〈スープ〉適量を入れて温める。
② フォーのめんは袋の表示どおりにゆで、器に盛る。
③ ゆでた牛肉、刻んだ小ねぎ、粗塩をのせてあつあつの①をかける。お好みでスイートバジル、コリアンダーなどのハーブを添える。

〈スープ〉

牛のフォー

材料

牛すね肉…400g、水…3ℓ
玉ねぎの薄切り…1個分
しょうがの薄切り…1かけ分
にんにく…2かけ、大根の薄切り…⅙本分
A［八角・シナモン・フェンネル・
　　コリアンダー…各少量］

作り方

フライパンにAを入れて弱火でからいりする。牛すね肉は熱湯に通し、流水で血や余分な脂を洗い落とす。大きめの鍋に材料を入れ、火にかける。アクを取りながら半量くらいになるまで煮詰める。

簡単野菜のフォー

材料

玉ねぎ…¼個、しょうが…⅓かけ
にんにく…2かけ、長ねぎ…½本
水…6カップ、八角…2個
シナモンスティック…1本
固形スープの素…1個
しょうゆ・ナンプラー…各小さじ1
塩…小さじ½、こしょう…少量

作り方

玉ねぎとしょうがは薄切りに、にんにくは皮をむいて包丁の腹で叩き、長ねぎは5cmくらいの長さに切る。材料を鍋に入れて強火にかけ、沸騰したら弱めの中火にして30分煮て、こす。

ベトナムハーブ

ベトナム料理では、料理の付け合わせや薬味、主菜としてハーブがたくさん使われる。エスニック料理の人気により、コリアンダーやディルはよく目にする。

コリアンダー

独特のさわやかな香りが特徴。アジア、南米、中近東ではポピュラーなハーブ。炒めもの、サラダ、ソースなど幅広く使える。

ディル

魚のハーブともいわれ、淡白な魚介や卵と好相性。ベトナム料理でも魚の付け合わせや、炒めものとしてよく使われる。

オリエンタルバジル

スイートバジルよりも穏やかな香りで、茎が紫色をしている。

タデ

「タデ食う虫も好きずき」の"タデ"。葉や茎にぴりっとした辛味と苦味がある。ドクダミとコリアンダーの間のような香りともいわれ、あえものや薬味として使われる。

万能だれ・
万能ソース・
万能ドレッシング

ポン酢だれ

基本のポン酢しょうゆで作る
そら豆と油揚げのおろしポン酢

材料（2人分）
そら豆…15粒、油揚げ…1枚、大根…5cm
基本のポン酢しょうゆ…適量

作り方
1 そら豆はゆでて皮をむく。
2 油揚げはオーブントースターで表面が
　カリカリになるまで焼き、細めの短冊切
　りにする。
3 大根はおろして軽く水けをきり、1と合
　わせる。
4 3を器に盛り、2を散らし、基本のポン
　酢しょうゆをかける。

基本のポン酢しょうゆ

材料（作りやすい分量）
柑橘類のしぼり汁（ここではだいだ
いを使用）・しょうゆ…各大さじ6
酢…大さじ3
みりん…大さじ2弱
酒…大さじ1強
昆布（5cm）…1枚
かつお節…5g

作り方
鍋にしょうゆ、酢、みりん、酒、昆布を
入れて弱火にかけ、沸騰したらかつお
節を加えて火を止め、5分おく。ざるで
こして柑橘類のしぼり汁を加える。

塩ポン酢

オススメ食材

豆苗

えのきだけ

材料（作りやすい分量）
柑橘類のしぼり汁…3/4カップ
みりん…大さじ2、酢…小さじ2
昆布（10cm）…1枚
かつお節…1/2袋（5g）、塩…ひとつまみ

作り方
小鍋に、みりん、酢、塩を合わせてひと
煮立ちさせ、昆布とかつお節を入れて再
度煮立たせてこす。冷めたら柑橘類のし
ぼり汁を合わせる。

簡単ポン酢しょうゆ

オススメ食材

みょうが

ひじき

オクラ

蒸し鶏

**材料
（作りやすい分量）**
柑橘類のしぼり汁
　…大さじ1
しょうゆ
　…大さじ1/2〜1

作り方
材料をよく混ぜ合
わせる。

酢みそだれ

基本の酢みそで作る
山菜の酢みそあえ

材料（4人分）
たらの芽…6〜8個、
うど（茎の下〜まん中）…1本
基本の酢みそ…半量

作り方
1 たらの芽は根元と汚れた外側の葉を取り除き、塩適量（分量外）を加えた熱湯でゆでて食べやすい大きさに切る。うどは食べやすく切り、10分ほど酢水にさらし、やわらかく湯がく。
2 ボウルに1を入れ、基本の酢みそであえる。

基本の酢みそ

材料
（作りやすい分量）
白みそ・酢…各大さじ5
砂糖…大さじ2
練りがらし…小さじ1/3

作り方
材料をすべて合わせ、砂糖が溶けるまでよく混ぜる。

ふき酢みそ

オススメ食材

豆腐

菜の花

材料（作りやすい分量）
赤みそ…大さじ1と1/2
ふきのとうの粗みじん切り…2個分
酢…大さじ3、砂糖…小さじ1/2
サラダ油…少量

作り方
ふきのとうはサラダ油で炒める。赤みそ、砂糖、酢をよくすり混ぜ、炒めたふきのとうを加え、軽くすり混ぜる。

山椒酢みそ

オススメ食材

新玉ねぎ

わかめ

材料（作りやすい分量）
白みそ…大さじ3、みそ…大さじ1/2
酢…大さじ2〜3、砂糖…大さじ1/2
和がらし…少量
実山椒のみそ漬け（市販品）…少量

作り方
白みそとみそをすり混ぜる。砂糖、酢、和がらしを加えて調味し、さらによくすり混ぜる。ガーゼなどをのせたこし器でこして、粗くつぶした実山椒を加えて混ぜ合わせる。

中華風ごまだれで作る
かぼちゃのごまだれあえ

材料（4人分）
かぼちゃ…1/3個（300g）、水菜…適量
揚げ油…適量
中華風ごまだれ…大さじ5

作り方
1 かぼちゃはひと口大に切る。水菜は
 ざく切りにして水にさらし、水けをき
 る。
2 かぼちゃは、160℃の油でゆっくりと
 素揚げし、よく油をきり中華風ごまだ
 れであえ、水菜を敷いた器に盛る。

中華風ごまだれ

材料（作りやすい分量）
白練りごま・しょうゆ…各1/4カップ
赤とうがらしの小口切り…1本分
砂糖・酢・ごま油…各大さじ1
にんにく・しょうがのみじん切り
　　…各1/2かけ分、
長ねぎのみじん切り…5cm分

作り方
ボウルに白練りごまと砂糖を入れてよく混
ぜる。砂糖が溶けたらしょうゆ、酢、ごま油
を順に加えながら混ぜ、最後ににんにく、
しょうが、長ねぎ、赤とうがらしを加える。

ごま酢だれ

にんじん

ごぼう

春雨

オススメ食材

材料
（作りやすい分量）
白練りごま・しょうゆ・酢
　…各大さじ2

作り方
材料をよく混ぜ合わせる。

ごまクリームだれ

オススメ食材

いちじく

さつまいも

ドライフルーツ

もも

材料
（作りやすい分量）
白練りごま…大さじ5と1/2
酒…大さじ4
しょうゆ…大さじ1
砂糖…小さじ2
生クリーム…小さじ1

作り方
材料をよく混ぜ合わせる。

基本の梅だれで作る
白身魚とえびの梅あえサラダ

材料（2人分）
白身魚（鯛など刺身用さく）…75g、甘えび（刺身用殻つき）…10尾
きゅうり…1/2本、レタス…1/2個、しば漬け…少量、水菜…1/3束
みょうが…1個、基本の梅だれ…半量、刻みのり…適量

作り方
1 白身魚は薄いそぎ切りにして塩適量（分量外）をふり、冷蔵庫に10分おいて水けをふく。甘えびは殻をむいて軽く塩適量（分量外）をふる。きゅうりは斜め薄切りにする。レタスは食べやすくちぎる。しば漬けは細かく刻む。
2 水菜は2〜3cm長さに切り、みょうがはせん切りにする。
3 ボウルに1を入れ、基本の梅だれであえて器に盛り、2をのせてのりを散らす。

材料
（作りやすい分量）
梅干し…大1個
しょうゆ・だし汁
　…各大さじ2
塩…少量

作り方
梅干しは種を除いてたたき、他の材料とよく混ぜ合わせる。

オススメ食材

えび
いか
うど
たらの芽

材料
（作りやすい分量）
梅肉…50g
梅酢（市販品）・
　煮きりみりん
　…各小さじ2

作り方
材料をよく混ぜ合わせる。

オススメ食材

小松菜
さやいんげん
なす
長ねぎ

材料（作りやすい分量）
梅干し…3個
みそ・砂糖…各大さじ2
酒…大さじ1
ごま油…小さじ2、塩…少量

作り方
梅干しは種を除いて細かくたたく。ボウルにみそ、砂糖、酒、塩を入れて混ぜ、梅肉を加えてさらに混ぜる。仕上げにごま油を加えて混ぜ合わせる。

基本の甜麺醤だれ

基本の甜麺醤だれで作る
たたきごぼうとクレソンのサラダ
材料（4人分）
ごぼう…1本、クレソン…1束、基本の甜麺醤だれ…全量
作り方
1 ごぼうは縦半分に切り、すりこぎなどでたたいて繊維を崩し、長さ4cmくらいに切る。沸騰した湯に塩小さじ1/2（分量外）を加え、2〜3分ゆでる。
2 クレソンは食べやすい大きさに切り、水にさらす。
3 1と水けをきった2を基本の甜麺醤だれであえる。

材料
（作りやすい分量）
甜麺醤（てんめんじゃん）…大さじ2
ごま油…小さじ1
粉とうがらし…少量
作り方
材料をよく混ぜ合わせる。

ごまマヨ甜麺醤だれ

オススメ食材

なす
かぶ
ゆで豚

材料（作りやすい分量）
甜麺醤…大さじ1と1/2
マヨネーズ・白すりごま
　…各大さじ1
酢…小さじ2
作り方
材料をよく混ぜ合わせる。

甘辛甜麺醤だれ

オススメ食材

水菜
豆腐
ひじき

材料（作りやすい分量）
甜麺醤…大さじ4
砂糖…大さじ2
ごま油・黒酢…各大さじ1
サラダ油…大さじ1/2
長ねぎ・赤とうがらしの
　みじん切り…各少量
作り方
フライパンを弱火で温め、サラダ油で長ねぎ、赤とうがらしを炒め、香りが出たら残りの材料を入れる。煮立ったら火を止める。

XO醤だれ

基本のXO醤だれで作る
豆苗の簡単中華サラダ

材料（2人分）
豆苗…2パック、ごま油…適量
基本のXO醤だれ…半量

作り方
1 豆苗は根元を落として洗い、食べやすい大きさに切る。
2 鍋に湯を沸かし、豆苗を入れ、すぐにざるにあげて水けをよくきる。
3 フライパンにごま油を入れ、強火で2の豆苗を炒める。
4 3を基本のXO醤だれであえ、器に盛る。

基本のXO醤だれ

材料
（作りやすい分量）
XO醤…小さじ2
サラダ油…大さじ6
レモン汁…大さじ2
塩・こしょう…各少量

作り方
材料をよく混ぜ合わせる。

マヨXO醤だれ

オススメ食材

万能ねぎ

じゃがいも

蒸し鶏

材料
（作りやすい分量）
XO醤…大さじ1
マヨネーズ…大さじ4

作り方
材料をよく混ぜ合わせる。

オリーブ風味のXO醤だれ

オススメ食材

トマト

れんこん

エリンギ

えび

材料（作りやすい分量）
XO醤…大さじ2
黒オリーブの薄切り…8粒分
しょうゆ…大さじ1/2
赤とうがらしの小口切り…1本分
サラダ油…適量

作り方
フライパンにサラダ油を熱し、赤とうがらし、XO醤、黒オリーブを入れて軽く炒め、しょうゆで香りをつける。

合わせ酢

土佐酢

土佐酢で作る
たことかぶの酢の物

材料（2人分）
ゆでだこの足…I/2本、きゅうり…I/2本
トマト…I/2個、かぶ…I個、土佐酢…2/3量

作り方
1 たこ、きゅうり、トマトは乱切りにする。かぶは
　皮をむき、半分に切って薄切りにする。
2 土佐酢にIを入れ、冷蔵庫で半日ほど漬ける。

材料
（作りやすい分量）
だし汁…大さじ3
酢…大さじ2
薄口しょうゆ・みりん
　…各大さじI

作り方
材料を合わせてひと
煮立ちさせ、冷ます。

きゅうり　　柿

アレンジ
柿みぞれ酢

オススメ食材

かぶ

しめじ

いか

**材料
（作りやすい分量）**
土佐酢…大さじ2
柿・きゅうりのすりおろし
　…各大さじI

作り方
柿ときゅうりのすりおろ
しの汁けをきって、土佐
酢と混ぜ合わせる。

ケシの実

青じその
みじん切り　しょうがの
　　　　　すりおろし

アレンジ
香味酢

オススメ食材　大根

白身魚の刺身

材料（作りやすい分量）
土佐酢…I/2カップ
ケシの実…25g
しょうがのすりおろし
　…小さじI/2
青じそのみじん切り
　…2枚分

作り方
ケシの実をすり鉢ですり、
土佐酢を加え混ぜる。
しょうがと青じそを混ぜ
合わせる。

甘酢

オススメ食材

しょうが

みょうが

れんこん

材料
（作りやすい分量）
酢・水・砂糖
　…各1/2カップ

作り方
材料をよく混ぜ合
わせる。

緑酢

オススメ食材

あじ刺身

豆腐

ちりめんじゃこ

材料（作りやすい分量）
酢・薄口しょうゆ
　…各大さじ2/3
だし汁…大さじ4と2/3
きゅうりのすりおろし…2本分

作り方
きゅうりのすりおろし以外の
材料をひと煮立ちさせて冷ま
し、水けをきったきゅうりのす
りおろしと合わせる。

おろしりんご酢

オススメ食材

水菜

ゆで豚

枝豆

材料（作りやすい分量）
酢…1カップ
だし汁（昆布）
　…1と1/2カップ
りんごのすりおろし…1個分
みりん…1/2カップ
塩…小さじ1/2

作り方
りんごのすりおろし以外の
材料をひと煮立ちさせて冷
まし、りんごのすりおろしを
加える。

三杯酢

オススメ食材

ちくわ

わかめ

きゅうり

材料
（作りやすい分量）
酢・しょうゆ・みりん
　…各1/2カップ

作り方
材料を合わせてひと
煮立ちさせ、冷ます。

酢や塩、こしょうを加えるだけで、香り豊かなワンランク上のドレッシングに。そのまま料理にかけても使えます。

ハーブオイル

材料（作りやすい分量）
EXVオリーブ油…1カップ
にんにく…1かけ、塩…小さじ1
ローズマリー・チャイブ
　・バジルなど好みのハーブの
　みじん切り…各適量

作り方
材料を保存びんに入れ、冷蔵庫で漬けこむ。

ハリッサオイル

材料（作りやすい分量）
EXVオリーブ油…大さじ4
にんにくのみじん切り
　…1かけ分
クミンシード・コリアンダーシード
　…各大さじ1
パプリカパウダー・チリパウダー
　…各大さじ1/2、塩…小さじ1

作り方
材料を保存びんに入れて漬けこむ。

アンチョビオイル

材料（作りやすい分量）
EXVオリーブ油…2/3カップ
ドライトマトのみじん切り…5個分
パセリのみじん切り…2本分
にんにくのみじん切り…1かけ分
黒オリーブのみじん切り…8粒分
アンチョビのみじん切り…8枚分
ドライオレガノ…小さじ1/2

作り方
材料を保存びんに入れて漬けこむ。

青じそオイル

材料（作りやすい分量）
EXVオリーブ油…大さじ3
青じそのみじん切り…5枚分
にんにくの薄切り…1かけ分
しょうゆ…大さじ2

作り方
材料を保存びんに入れて漬けこむ。

レモンオイル

材料（作りやすい分量）
EXVオリーブ油…3/4カップ
レモンの皮（国産）…1個分
パセリの葉…5g
パセリの軸…5cm

作り方
レモンは全体に塩（分量外）をまぶしてこすり洗いし、汚れを洗い流す。包丁でりんごの皮をむく要領でぐるりと皮をむき、皮の裏側のワタをそぎ除き、水けをふいて残りの材料とともに保存びんに入れる。1週間漬けこむ。

香りラー油

材料（作りやすい分量）
ごま油…1/2カップ
干し貝柱…15g
粉とうがらし…大さじ2
にんにくのみじん切り…2かけ分
シナモンスティック…1本
白いりごま…大さじ1
はちみつ・花椒…各小さじ1
塩…小さじ1/2

作り方
干し貝柱はひと晩水につけ、もどしておく。もどした貝柱は水けをきってみじん切りにする。材料すべてを保存びんに入れて漬けこむ。

豆豉オイル

材料（作りやすい分量）
ごま油…大さじ2
しょうゆ…大さじ2と1/2
酒…大さじ2
豆豉のみじん切り…大さじ1と1/2
しょうがのみじん切り…大さじ2
にんにくのみじん切り…1かけ分
長ねぎのみじん切り…10cm分

作り方
材料を保存びんに入れて漬けこむ。

好みのベースオイルで作る
ラディッシュサラダ

材料（4人分）
ラディッシュ…2〜3個
大根（あれば細め）
　…5〜7cm
キャベツ…1/4個
小ねぎ…適量
ピーナッツ…適量
好みのベースオイル
　（右ページ参照）…適量
好みの酢…適量
塩・こしょう…各適量

作り方
1　ラディッシュ、大根は3mm幅の輪切り、キャベツは太めのせん切りにする。
2　小ねぎは小口切りにする。
3　好みのベースオイルと好みの酢、塩、こしょうを混ぜ合わせる。
4　1を器に盛って2、ピーナッツを散らし、3をかける。

メモ
好みのベースオイルに合わせて酢や塩加減は調整を。
酢の他にしょうゆやマヨネーズと混ぜてもおいしい。

手作り
マヨネーズ

基本の手作りマヨネーズで作る
ショートパスタのサラダ
材料（4人分）
リガトーニなど（好みのショートパスタ）
…200g
パプリカ（赤）…1/2個、ハム…3枚
グリンピース…50g、パセリのみじん切り…適量
基本の手作りマヨネーズ…大さじ4
作り方
1 リガトーニをゆで、オリーブ油少量（分量外）を絡めておく。
2 パプリカは1cm角に切り、ハムは1.5cmの短冊切りにする。
3 ボウルに1、2、グリンピース、パセリを入れ、**基本の手作りマヨネーズ**であえる。

材料
（作りやすい分量）

サラダ油 …4/5カップ(160㎖) こしょう …小さじ1/6	A	卵黄…1個分 酢…大さじ1 粉がらし…小さじ1 塩…小さじ1/3

作り方
ボウルにAを入れ、泡立て器でよく混ぜ合わせる。サラダ油を少しずつたらしながら混ぜ、かたくなり、混ぜにくくなったら酢少量（分量外）を加えてゆるめ、またサラダ油を加えながら混ぜる。これを繰り返し、全部混ぜ終わったら味をみてこしょうをふる。

**基本の手作り
マヨネーズ**

マヨネーズ作りのコツ
油はスプーン1杯くらいのごく少量から加え、そのつどよくかき混ぜて乳化させます。最初に十分乳化させたら、少しずつ加える量を増やしましょう。
粉がらしは乳化剤の役割もあるので必ず加えて。なければマスタードや練りからしで代用しても。

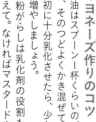

**手作り
ソイマヨネーズ**

オススメ食材

キャベツ

ヤング
コーン

さやえんどう

材料
（作りやすい分量）
絹ごし豆腐（水きりする）…1丁
マスタード…大さじ2
りんご酢（白ワインビネガーでも）…大さじ2
塩・こしょう…各適量
作り方
絹ごし豆腐、マスタード、りんご酢をフードプロセッサーに入れて回し、なめらかに仕上げる。塩・こしょうで味をととのえる。

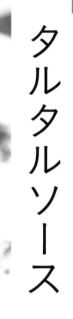

基本のタルタルソース

基本のタルタルソースで作る
セルクルサラダ

材料（2人分 [型2個分]）
ハム（あれば厚切り）…80g、じゃがいも…中1個
グリーンアスパラガス…4本、ケイパー…少量
基本のタルタルソース…全量、ディル…適量

作り方
1 じゃがいもはゆでて皮をむき、ハムとともにさいの目切りにする。アスパラガスは1.5cm長さに切り、熱湯でさっとゆで、冷水に取り水けをふく。
2 ボウルに1、ケイパーを入れ、**基本のタルタルソース**であえる。
3 セルクル（径80×H30mm）もしくは牛乳パックなどで作った丸型を器に置き、2の半量を詰め、型をはずす。もう1個も同じようにして、ちぎったディルをのせる。

材料
（作りやすい分量）
マヨネーズ…1/2カップ
ゆで卵…1/2個分
玉ねぎのみじん切り
　…大さじ1
ピクルスのみじん切り…大さじ1
パセリのみじん切り…大さじ1/2
塩・こしょう…各適量

作り方
塩、こしょう以外の材料を混ぜ合わせて、塩・こしょうで味をととのえる。

和風タルタルソース

オススメ食材

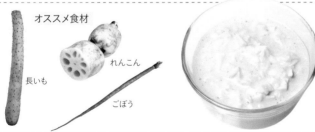

長いも
れんこん
ごぼう

材料（作りやすい分量）
ゆで卵の粗みじん切り…2個分
玉ねぎのみじん切り…1/4個分
マヨネーズ…大さじ3、酢…大さじ1
ゆずこしょう…小さじ1/2
しょうゆ…小さじ1、塩…ひとつまみ

作り方
材料を混ぜ合わせる。

ケイパータルタルソース

オススメ食材

カリフラワー
レンズ豆
じゃがいも
ブロッコリー

材料（作りやすい分量）
マヨネーズ…1カップ
ピクルスのみじん切り
　…小さじ1
ケイパーのみじん切り
　…小さじ1
プレーンヨーグルト…大さじ2

作り方
材料を混ぜ合わせる。

基本のオーロラソース

基本のオーロラソースで作る
えびとアボカドのサラダ

材料（2人分）
えび…12尾、アボカド…1個、リーフレタス…2枚
基本のオーロラソース…全量

作り方
1 えびは殻をむいて背ワタを取り、熱湯でゆでる。アボカドは食べやすい大きさに切り、レモン汁少量（分量外）をまぶす。リーフレタスは冷水にさらして水けをきり、ひと口大にちぎる。
2 1を器に盛り、**基本のオーロラソース**をかける。

材料
（作りやすい分量）
マヨネーズ…大さじ2
トマトケチャップ
　…大さじ1

作り方
材料をよく混ぜ合わせる。

大人のオーロラソース

オススメ食材

玉ねぎ
アボカド
えび

材料（作りやすい分量）
マヨネーズ…大さじ3
トマトケチャップ…小さじ2
レモン汁…小さじ2
ウスターソース…小さじ1/2
ブランデー…少量
塩…小さじ1/3
こしょう…少量

作り方
材料をよく混ぜ合わせる。

アレンジ チリ風味のオーロラソース

こしょう　牛乳

＋

基本の
オーロラソース

チリソース

オススメ食材

厚揚げ
チーズ
紫玉ねぎ
じゃがいも

材料（作りやすい分量）
基本のオーロラソース…全量
牛乳…小さじ1
チリソース（市販品）…適量
こしょう…少量

作り方
基本のオーロラソースに牛乳、チリソース、こしょうを入れてよく混ぜる。

ツナマヨソース

基本のツナマヨソース

材料
（作りやすい分量）
ツナ（水煮缶）
　…小1缶（60g）
マヨネーズ…大さじ1
にんにくのすりおろし
　…少量
塩・こしょう…各適量

作り方
ツナは缶汁をきり、材料をよく混ぜ合わせる。

基本のツナマヨソースで作る
焼き大根のサラダ

材料（4人分）
大根…細め10cm、小ねぎ…1本、オリーブ油…大さじ1
こしょう…適量、基本のツナマヨソース…全量

作り方
1　大根は厚さ2〜3mmの輪切りにする。小ねぎは小口切りにする。
2　フライパンにオリーブ油を熱し、大根を並べ入れて両面に焼き色をつける。
3　器に2を並べて基本のツナマヨソースをのせ、小ねぎを散らす。こしょうをふり、オリーブ油適量（分量外）をかける。

クリーミーツナマヨソース

オススメ食材

にんじん

スナップえんどう

ほうれん草

材料（作りやすい分量）
ツナ（水煮缶）…1缶
マヨネーズ…大さじ3
生クリーム…大さじ2
塩・こしょう…各適量

作り方
ツナは包丁でたたく。マヨネーズ、生クリームを加えてよく混ぜ、塩・こしょうで調味する。

ツナマヨソースピクルス入り

ピクルスのみじん切り　
パセリのみじん切り　

玉ねぎのみじん切り　

＋

基本のツナマヨソース　

オススメ食材

トマト　

ゆで卵　

材料（作りやすい分量）
基本のツナマヨソース…60g
ピクルスのみじん切り…大さじ1
玉ねぎのみじん切り…大さじ1
パセリのみじん切り…大さじ1/2

作り方
材料をよく混ぜ合わせる。

たらこ・明太子
マヨソース

基本の明太マヨソース

材料（作りやすい分量）
からし明太子
　…大1腹（100g）
マヨネーズ
　…大さじ3

作り方
からし明太
子は薄皮を
取り除いて
ほぐし、マヨ
ネーズとよく混ぜ
合わせる。

基本の明太マヨソースで作る
夏野菜の明太マヨサラダ

材料（4人分）
じゃがいも…2個、ヤングコーン…12本、ズッキーニ…1本
枝豆（塩ゆでしてさやから出して）…100g、チェダーチーズ…40g
サニーレタス…3〜4枚、基本の明太マヨソース…全量

作り方
1 じゃがいもは洗った後ぬれたまま、皮ごと乾いたクッキングペーパー
　で包み、さらにラップでふんわり包んで、電子レンジ（500W）で約4分、
　上下を返しさらに3分加熱し、皮をむいて食べやすい大きさに切る。
2 ヤングコーンは半分に切る。ズッキーニは2cm角に切り、塩（分量外）
　をふって5分ほどおき、水けをきる。チェダーチーズは細切りにする。
3 1、2、枝豆を基本の明太マヨソースであえる。
4 食べやすい大きさにちぎったサニーレタスを皿に敷き、3をのせる。

たらこマヨソース

オススメ食材

ブロッコリー

バゲット
トースト

カリフラワー

じゃがいも

材料（作りやすい分量）
たらこ…2腹（1/2カップ）
マヨネーズ…大さじ4
EXVオリーブ油…大さじ2
あさつきの小口切り…大さじ1
こしょう…適量

作り方
たらこは薄皮を取り除き、材料
をよく混ぜ合わせる。

クリーミー明太ソース

溶かし
バター

牛乳

＋

基本の
明太マヨソース

オススメ食材

大根

にんじん

アスパラガス

材料（作りやすい分量）
基本の明太マヨソース
　…100g
牛乳…大さじ2
溶かしバター…小さじ2

作り方
材料をよく混ぜ合わせる。

144

ちょい足しマヨソース

わさびマヨソースで作る
かにとアボカドのサラダ

材料（2人分）
ゆでがにのむき身…100g、玉ねぎ…1/4個
セロリ…1/2本、アボカド…1/2個
わさびマヨソース…全量

作り方
1 かには身を粗くほぐし、軟骨を除く。玉ねぎとセロリ
　は薄切りにし、塩少量（分量外）をふって、しんなりし
　たら水けをしぼる。アボカドは食べやすく切り、レモ
　ン汁少量（分量外）をまぶす。
2 ボウルに1を入れ、わさびマヨソースであえる。

わさびマヨソース

材料（作りやすい分量）
マヨネーズ…大さじ2
練りわさび…小さじ1/2

作り方
材料をよく混ぜ合わせる。

おかかマヨソース

オススメ食材

白菜　　キャベツ
ゆで卵　菜の花

材料（作りやすい分量）
マヨネーズ…大さじ3
しょうゆ…大さじ1
練りがらし…小さじ1
かつお節…6g

作り方
材料をよく混ぜ合わせる。

梅マヨソース

オススメ食材

蒸し鶏　　かぶ

きゅうり　長いも

材料（作りやすい分量）
マヨネーズ…1/2カップ
梅干し…中5～6個

作り方
梅干しは種を取り除き、
包丁で細かくたたいて
ペースト状にし、マヨネー
ズと混ぜ合わせる。

マスタードマヨソースで作る
そら豆とえびのカナッペ

材料（2人分）
そら豆…15粒、えび…10尾、バゲット…1/2本
マスタードマヨソース…全量

作り方
1 そら豆はゆでて皮をむく。えびは殻をむいて背ワタを取り、さっとゆでる。
2 ボウルに1を入れ、**マスタードマヨソース**であえる。
3 斜め薄切りにしたバゲットに2をのせ、オーブントースターで軽く焼く。

マスタードマヨソース

材料（作りやすい分量）
粒マスタード…大さじ1
マヨネーズ…大さじ5
塩・こしょう…各適量

作り方
材料をよく混ぜ合わせる。

和風マスタードソース

オススメ食材

れんこん
きのこ類
にんじん

材料
（作りやすい分量）
粒マスタード…大さじ4
しょうゆ…小さじ2
砂糖…小さじ1

作り方
材料をよく混ぜ合わせる。

ディルマスタードソース

オススメ食材

サーモン
ルッコラ

材料（作りやすい分量）
粒マスタード…大さじ1
ディル（生）…2本
白ワインビネガー…大さじ1
バルサミコビネガー
　…小さじ1と1/2
マヨネーズ…小さじ1
しょうゆ（好みで）…数滴

作り方
ディルは茎の部分を取り除いて細かく
刻み、残りの材料とよく混ぜ合わせる。

アンチョビソース

バーニャカウダソースで作る
バーニャカウダ

材料（4人分）
パプリカ、にんじんなど好みの野菜
　…各適量
バーニャカウダソース…適量

作り方
野菜は食べやすくスティック状に切り、バーニャカウダソースをつけて食べる。

材料（作りやすい分量）
アンチョビ…2枚
牛乳…1/2カップ
にんにく…4かけ
塩・こしょう…各少量

作り方
にんにくを3等分して、牛乳と一緒に電子レンジ（500W）で3分加熱する。残りの材料を加えてなめらかになるまでつぶしながら混ぜる。

オススメ食材

パプリカ

ほたての刺身

蒸し鶏

ズッキーニ

タップナードソース

材料（作りやすい分量）
黒オリーブ（種抜き）…16個
にんにく…2g、アンチョビ…1枚
ケイパー…10g、バジル…2枚
タイム・ローズマリー…各1g
カイエンペッパー…適量
塩・黒こしょう…各適量
EXVオリーブ油…適量

作り方
ミキサーに回る程度のオリーブ油と残りの材料を入れてよく混ぜる。

オススメ食材

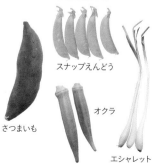
スナップえんどう
さつまいも
オクラ
エシャレット

アンチョビマヨソース

材料（作りやすい分量）
アンチョビのみじん切り
　…2枚分
マヨネーズ…1/2カップ
レモン汁…大さじ1/3
こしょう…少量

作り方
マヨネーズにアンチョビを混ぜ、レモン汁で溶きのばし、こしょうで味を調える。

カレーソース

カレーマヨソース

カレーマヨソースで作る
ひよこ豆のカレースパサラダ
材料（4人分）
生パスタ（フィットチーネなど）…80g、ひよこ豆（水煮缶）…小1缶
ツナ缶…1缶、玉ねぎ…1/4個、カレーマヨソース…全量
サラダ菜など葉野菜…適量、パセリのみじん切り…適量

作り方
1 たっぷりの熱湯でパスタをゆでる。手つきのざるに入れたひよこ豆を同じ湯につけ、温まったらボウルで軽くつぶす。
2 フライパンにツナを缶汁ごと入れて火にかけ、みじん切りにした玉ねぎを加えて炒める。
3 1のひよこ豆にパスタと2を加え、カレーマヨソースを入れて混ぜ合わせる。塩適量（分量外）で味をととのえ、サラダ菜を敷いた器に盛り、パセリを散らす。

材料（作りやすい分量）
カレー粉・牛乳
　…各小さじ2
マヨネーズ
　…大さじ2
粗びき黒こしょう
　…適量

作り方
材料をよく
混ぜ合わせる。

和風カレーソース

オススメ食材

じゃがいも

にんじん　玉ねぎ

かぼちゃ

材料
（作りやすい分量）
カレー粉…小さじ1
しょうゆ…大さじ3
砂糖…大さじ2

作り方
材料をよく
混ぜ合わせる。

カレー＆マスタードのスパイシーソース

オススメ食材

ブロッコリー

ヤングコーン

貝割れ大根

スナップえんどう

材料（作りやすい分量）
カレー粉・塩・しょうゆ…各小さじ1
水…1/2カップ
甘酒（またはメープルシロップ）
　…大さじ4
粒マスタード・EXVオリーブ油
　…各大さじ2
酢…大さじ1

作り方
材料をよく混ぜ合わせる。

基本のナンプラーソース

基本のナンプラーソースで作る
青パパイヤのサラダ

材料（4人分）
青パパイヤ…150g、にんじん…1/2本
さやいんげん…6〜8本、ミニトマト…3〜4個
ライム…1個、干しえび…1/4カップ
基本のナンプラーソース…全量、レタス…適量

作り方
1 干しえびはぬるま湯につけてもどす。
2 青パパイヤとにんじんはせん切り、さやいんげんは4〜5cm長さ、ミニトマトは半分、ライムは3〜4等分に切る。
3 ボウルに1と2を入れ、基本のナンプラーソースであえ、混ぜながら手でもんで少ししんなりさせる。ちぎったレタスを敷いた器に盛る。

材料（作りやすい分量）
ナンプラー・酢・水
　…各大さじ1
赤とうがらし（小さくちぎる）
　…1本分
にんにくの薄切り
　…1かけ分
ピーナッツ…大さじ1

作り方
ピーナッツは粗く刻んでおく。すべての材料をよく混ぜ合わせる。

ナンプラー赤ワインビネガーソース

オススメ食材

ゆで豚

ピーマン

ミニトマト

玉ねぎ

材料
（作りやすい分量）
ナンプラー…大さじ2
赤ワインビネガー
　…小さじ2
しょうゆ・ラー油
　…各小さじ1

作り方
材料をよく混ぜ合わせる。

エスニック香味ソース

オススメ食材

蒸し鶏

なす

レタス

材料（作りやすい分量）
ナンプラー・しょうゆ・酢・はちみつ…各大さじ1
にんにく・しょうがのすりおろし
　…各1かけ分
オイスターソース・サラダ油
　…小さじ2
こしょう…少量

作り方
材料をよく混ぜ合わせる。

洋風卵黄ソース

オランデーズソース

材料（作りやすい分量）
卵黄…2個分
バター…50g
レモン汁…小さじ1
塩・こしょう…各少量

作り方
バターは溶かしておく。ボウルに卵黄を入れ、湯せんにかけて泡立て器で混ぜる。ある程度温まったら湯せんから外し、もったりするまで混ぜる。バターを5〜6回に分けて少しずつ加えて混ぜる。塩、こしょう、レモン汁で味をととのえる。

オランデーズソースで作る
エッグベネディクト風オープンサンド

材料（1人分）
卵…1個、食パン（8枚切り）…1枚
スライスチーズ…1枚、アボカド…1/2個
オランデーズソース…適量、好みの葉野菜…適量

作り方
1 ポーチドエッグを作る。鍋に湯を煮立て、酢、塩各適量(分量外)を加え、菜ばしなどで湯をかき混ぜ、湯が回っている状態で卵を割り入れ、弱火で好みのかたさに仕上げる。
2 器に食パンをのせ、チーズ、薄切りにしたアボカド、1をのせてオランデーズソースをかける。好みの葉野菜を添える。

レムラードソース

オススメ食材

セロリ

サーモン

材料（作りやすい分量）
卵黄…1個分、EXVオリーブ油…80㎖
パセリのみじん切り…大さじ3
赤ワインビネガー…大さじ1
フレンチマスタード…小さじ2
塩・こしょう…各少量

作り方
ボウルに卵黄を入れてほぐし、オリーブ油以外の材料を加えて最後にオリーブ油を少しずつ加え、マヨネーズ状になるまでよく混ぜ合わせる。

アイオリソース

オススメ食材

ブロッコリー

チコリー

ズッキーニ

えび

材料（作りやすい分量）
卵黄…1個分
EXVオリーブ油…1/2カップ
にんにくのすりおろし…大さじ1/3
水…大さじ1/2、塩・こしょう…各適量

作り方
オリーブ油以外の材料を入れて混ぜ、塩が溶けたらオリーブ油を少しずつ加えて混ぜ合わせる。

和風卵黄ソース

黄身酢ソースで作る
はもの落とし

材料（2人分）
はも（生・骨切り）…1尾分、万能ねぎ…適量
黄身酢ソース…適量

作り方
1 はもはまな板を湿らせ、皮側を張り付けるように置き、2～2.5cm幅に切る。
2 塩適量（分量外）を加えた熱湯に1を5～6切れずつ入れ、身が丸まったら氷水に取り、水けをふく。
3 器に2を盛り、黄身酢ソースをかけ、小口切りにした万能ねぎを散らす。

黄身酢ソース

材料（作りやすい分量）
卵黄…2個分
酢…大さじ2
砂糖…大さじ1と1/2

作り方
材料をよく混ぜ、鍋に移して湯せんしながら適度なかたさに練り上げて、裏ごしする。

オススメ食材

こんにゃく
れんこん

長ねぎ

黄身ごまからしソース

材料（作りやすい分量）
卵黄…1個分
ごま油…小さじ2
しょうゆ…小さじ2
練りがらし…小さじ1/2

作り方
卵黄を溶きほぐし、泡立て器でかき混ぜながらゆっくりごま油をたらす。なめらかになったらしょうゆと練りがらしを合わせる。

オススメ食材

貝割れ大根
玉ねぎ
ツナ
さば（水煮缶）

卵黄おかかソース

材料（作りやすい分量）
卵黄…2個分
かつお節…4g
しょうゆ…少量

作り方
材料をよく混ぜ合わせる。

ハーブソース

ジェノベーゼソース

材料（作りやすい分量）
バジルの葉…25g、EXVオリーブ油・
パルメザンチーズ・松の実（ロースト）
…各35g
にんにく…1かけ、塩・こしょう…各適量

作り方
にんにく、松の実、オリーブ油少量をミキ
サーにかけてペースト状にし、バジルの
葉を加えてさらに撹拌する。残ったオ
リーブ油を少しずつ加えてなめらかにし、
おろしたパルメザンチーズを加える。塩、
こしょうで味をととのえる。

ジェノベーゼソースで作る
トマトのクリームチーズ詰め

材料（2人分）
フルーツトマト…10個、クリームチーズ…100g
ジェノベーゼソース…適量

作り方
1 フルーツトマトは上部をカットし、中身を少しく
りぬいて、塩・こしょう各少量（分量外）をふる。
2 柔らかくなるまで練ったクリームチーズをトマト
に詰め、耐熱容器に並べ、上にジェノベーゼ
ソースとオリーブ油適量（分量外）をかけて、
オーブントースターで焼く。

簡単バジルソース

オススメ食材

セロリ

ゆでだこ

マカロニ

パプリカ

材料
（作りやすい分量）
バジルペースト(市販品)
…大さじ2
EXVオリーブ油
…1/4カップ
塩・こしょう…各適量

作り方
材料をよく混ぜ合わせる。

サルサヴェルデソース

オススメ食材

茎ブロッコリー

トマト

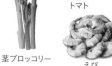
えび

材料（作りやすい分量）
ローズマリーのみじん切り…1本分
にんにくのみじん切り…1/2かけ分、アンチョビ…2枚
ケイパー…18g、パセリ…60g、バジル…50g
EXVオリーブ油…1カップ、塩・こしょう…各適量

作り方
ローズマリー、にんにく、アンチョビ、ケイパーをミキ
サーにかける。パセリも加えて細かくなったらバジルを
加え、さらに撹拌する。オリーブ油を少しずつ加えなが
らなめらかに仕上げ、塩、こしょうで調味する。

その他
野菜ソース

きゅうりのソースで作る
じゃがいものきゅうりソース

材料（2人分）
新じゃがいも…小3個、水菜…1束、ミント…適量
きゅうりのソース…半量

作り方
1 じゃがいもはよく洗い、皮つきのまま塩（分量外）を加えた熱湯でゆで、半分に切る。
2 水菜は冷水につけてから水けをきり、5cm長さに切る。
3 ボウルに1を入れ、きゅうりのソースであえる。器に盛り、2をのせ、ミントを飾る。

きゅうりのソース

材料（作りやすい分量）
きゅうり…4本、水…80mℓ
EXVオリーブ油・白ワインビネガー
　…各大さじ1と1/3
塩…適量

作り方
きゅうりは縦半分に切り、スプーンなどで種を取り除く。塩以外の材料とともにミキサーにかけ、塩で味をととのえる。

オススメ食材

マッシュルーム

ウインナー

そら豆

にんじんのディップソース

材料（作りやすい分量）
トマト…1個（200g）、赤ピーマン…中2個（100g）
にんじん…1本（200g）、トマトジュース（無塩）…1カップ
サフラン…10本、塩…小さじ1、クミンパウダー…大さじ1

作り方
トマトは湯むきし、赤ピーマン、にんじんとともに薄切りにする。鍋にトマトジュースを入れ、野菜とサフランを加えて加熱する。沸騰したら弱火にして10分加熱し、全体の量が約半分になるまで煮詰める。粗熱を取り、塩、クミンパウダーを加えてフードプロセッサーでなめらかにする。

オススメ食材

りんご

バケットトースト

新玉ねぎ

さやいんげん

かぼちゃのディップソース

材料（作りやすい分量）
かぼちゃ…1/4個
バルサミコ酢…大さじ1
かぼちゃの種（ロースト）
　…適量
塩・こしょう…各適量

作り方
かぼちゃは蒸して粗めにつぶす。塩、こしょう、バルサミコ酢で味つけし、かぼちゃの種を混ぜる。

ケチャップソース

スイートチリソース

スイートチリソースで作る
エスニックサラダ

材料（2人分）
春雨…ゆでて55g、えび…8尾、鶏胸肉…200g
きゅうり…1/2本、にんじん…1/2本、玉ねぎ…1個
もやし…1袋、ピーナッツ…1/4カップ、バジル…適量
コリアンダー…適量、スイートチリソース…半量
ミント…適量

作り方
1 春雨は表示通りにゆでてもどしておく。きゅうりとに
んじんはせん切り、玉ねぎは薄切りにする。もやしは
ゆでておく。ピーナッツはからいりする。
2 えびは殻をむいて背ワタを取り、フライパンにサラダ油
適量（分量外）をひいて色が変わるまで炒める。鶏肉
は食べやすい大きさに切り、塩（分量外）を加えた熱湯
でゆで、水けをきる。
3 ボウルに1、2、せん切りにしたバジル、ちぎったコリ
アンダーを入れ、スイートチリソースであえて器に盛
り、ちぎったミントをのせる。

材料（作りやすい分量）
トマトケチャップ…大さじ1
ナンプラー…大さじ2
レモン汁・酢…各大さじ2
砂糖…大さじ1と1/2
ごま油…大さじ1/2
赤とうがらしの小口切り
　…1本分
干しえび…小さじ1
にんにくのみじん切り…小さじ1

作り方
耐熱容器に干しえびと水大さ
じ1を入れ、電子レンジ（500W）
で40秒加熱してやわらかくも
どし、みじん切りにする。ボウル
に干しえびともどし汁、残り
の材料をすべて入れ、砂糖が
溶けるまで混ぜ合わせる。

ケチャップ風味ドレッシング

オススメ食材
パプリカ
赤かぶ
ナッツ類
きゅうり

材料（作りやすい分量）
サラダ油…大さじ2、酢…大さじ1
トマトケチャップ…小さじ1
にんにくのすりおろし
　…小さじ1/3、塩…小さじ1/2

作り方
材料をよく混ぜ合わせる。

バーベキューソース

オススメ食材
ズッキーニ
焼いた牛肉
ピーマン

材料（作りやすい分量）
A 玉ねぎのみじん切り…1個分　　バーボンウイスキー
　にんにくのみじん切り　　　　　…大さじ3と1/3
　　…2かけ分　　　　　　　　　バター…大さじ2
　トマトケチャップ…1/2カップ　塩・こしょう…各適量

作り方
フライパンにバターを溶かし、泡が出てきたらAを入れて塩・こしょう
して炒める。しんなりしたらウイスキーを加え、アルコール分をとば
す。トマトケチャップを加え、弱火で15分ほど煮て味をととのえる。

ごまケチャップソース

オススメ食材

ゆで豚

ブロッコリー

じゃがいも

材料 (作りやすい分量)
トマトケチャップ…I/4カップ
トンカツソース…I/2カップ
白すりごま…I/4カップ
しょうゆ…大さじ1

作り方
材料をよく混ぜ合わせる。

イタリアントマトソース

オススメ食材

トマト

玉ねぎ

カリカリ
ベーコン

キャベツ

材料 (作りやすい分量)
トマトケチャップ…大さじ3
オリーブ油…大さじ2
酢…大さじ2
玉ねぎのみじん切り
　…大さじ2
塩・こしょう…各適量

作り方
材料をよく混ぜ合わせる。

レモンケチャップソース

オススメ食材

レタス

蒸し鶏

三つ葉

材料 (作りやすい分量)
トマトケチャップ
　…大さじ4
レモン汁
　…大さじ4と1/2
酒…大さじ2と1/2
砂糖…大さじ1
ごま油…大さじ1
塩・こしょう…各少量

作り方
材料を混ぜ合わせる。

ケチャップだし?

トマトには昆布と同じ植物系のうま味成分がたっぷり含まれるので、だしのかわりに使うこともできます。
ケチャップを炒めて水分をとばし、お湯を注ぐだけで即席だし汁に!
トマトのうま味成分は、鶏肉など動物系のうま味と合わさると、おいしさが格段にアップします。

ブルーチーズソースで作る
ビーツのブルーチーズサラダ
材料（4人分）
ビーツ…1個、紫キャベツ…50g、ベビーリーフ…1パック
紫玉ねぎのみじん切り…1/4個分
ブルーチーズソース…1/4量
くるみ（好みのナッツ）…適量

作り方
1 ビーツは塩と酢各少量（分量外）を加えた水から約10分ほどゆで、皮を薄めにむいて厚めのいちょう切りにする。紫キャベツは食べやすい大きさにちぎる。
2 ボウルに1、ベビーリーフ、紫玉ねぎを入れ、ブルーチーズソースであえる。器に盛り、砕いたくるみを散らす。

ブルーチーズソース

材料
（作りやすい分量）
ブルーチーズ…大さじ2
EXVオリーブ油
　　…1/2カップ
レモン汁…大さじ2
塩・こしょう…各適量

作り方
ブルーチーズはちぎり、ボウルにオリーブ油以外の材料を入れて混ぜる。オリーブ油を少量ずつ加えながらよく混ぜ合わせる。

辛みチーズディップソース

オススメ食材

のり
きゅうり
アボカド

材料（作りやすい分量）
クリームチーズ（みじん切り）…大さじ4
サラダ油…大さじ2
A｜白みそ…大さじ1
　｜豆板醤…大さじ1
　｜レモン汁…大さじ1
　｜しょうゆ…大さじ1/2

作り方
クリームチーズとAを混ぜ合わせ、最後にサラダ油を加えて軽く混ぜ合わせる。

シーザーソース

オススメ食材

ベーコン
ロメイン
レタス

材料（作りやすい分量）
パルメザンチーズ（おろしたもの）…適量、卵黄…2個分
にんにく…2かけ、レモン汁…大さじ2と1/2
マスタード…大さじ1、アンチョビ（たたいたもの）…10g
塩…小さじ2/3、白ワインビネガー…大さじ1/2
ウスターソース…大さじ1/2、サラダ油…120㎖
粗びき黒こしょう…適量

作り方
すり鉢などににんにくを入れてつぶし、卵黄を加えてつぶしながら混ぜる。塩、レモン汁を加えて、サラダ油とパルメザンチーズ以外の残りの材料を入れて混ぜる。サラダ油とチーズを加えてさらに混ぜる。

オススメ食材

パプリカ

チコリ

玉ねぎ

生ハム

材料
(作りやすい分量)
カッテージチーズ
　…1カップ
マヨネーズ…大さじ3

作り方
材料をよく混ぜ合わせる。

オススメ食材

カリフラワー

にんじん

さつまいも

アスパラガス

材料
(作りやすい分量)
クリームチーズ…40g
マヨネーズ…大さじ1
はちみつ…大さじ1/2
粒マスタード…小さじ1/2

作り方
材料をよく混ぜ合わせる。

オススメ食材

じゃがいも

ウィンナー

かぼちゃ

ブロッコリー

材料
(作りやすい分量)
ゴルゴンゾーラチーズ…60g
牛乳…大さじ4
イタリアンパセリの
　みじん切り…適量

作り方
牛乳を温め、細かく切った
ゴルゴンゾーラチーズを加
えて煮溶かす。火を止めてイ
タリアンパセリを混ぜる。

**緑黄色野菜以上の
ビタミン**

ビタミンAといえば、緑黄
色野菜に多く含まれるイ
メージがありますが、チー
ズにはそれ以上に多く含ま
れています。皮膚や粘膜の
健康を保つビタミンAが
豊富に含まれるチーズは、
美容と健康のためには、ぜ
ひとも取り入れたい食品の
ひとつです。

ヨーグルトソースで作る
ヨーグルトサラダ

材料（2人分）
セロリ…1/2本、パプリカ（黄）…1/2個、りんご…1/2個
黒オリーブ…3粒、ヨーグルトソース…1/2量

作り方
1 セロリは筋を取って1.5cm幅に切る。パプリカは縦に細切りにする。りんごは芯を取って薄切りにし、塩水（分量外）にさらす。黒オリーブは輪切りにする。
2 ボウルに1を入れ、ヨーグルトソースであえる。

ヨーグルトソース

材料
（作りやすい分量）
フレンチドレッシング
（市販品）
　　　…大さじ4と1/2
プレーンヨーグルト
　　　…大さじ2

作り方
材料をよく混ぜ合わせる。

イタリアンヨーグルトソース

オススメ食材

ベビーリーフ
マカロニ
サラミ
ゆで卵

材料（作りやすい分量）
プレーンヨーグルト…大さじ2
EXVオリーブ油…1/2カップ
レモン汁…大さじ2
バジルのみじん切り…大さじ1
にんにくのみじん切り…1/6かけ分
トマトの角切り…1/4個分
塩・こしょう…各適量

作り方
材料をよく混ぜ合わせる。

ヨーグルトマスタードソース

オススメ食材

サーモン
キャベツ
マッシュルーム

材料（作りやすい分量）
プレーンヨーグルト…大さじ4
オリーブ油…大さじ2
粒マスタード…小さじ2
レモン汁…小さじ1
塩…小さじ1/2
にんにくのすりおろし…少量
こしょう…少量

作り方
材料をよく混ぜ合わせる。

ヨーグルトマヨソース

オススメ食材

トマト

クリームチーズ

バジル

材料(作りやすい分量)
ヨーグルト(加糖)
…約1カップ(200g)
マヨネーズ…80g
塩…少量

作り方
ヨーグルトに塩を加え、キッチンペーパーを敷いたざるに入れ、1時間くらいおいて水分をきる。水をきったヨーグルトにマヨネーズを加え、よく混ぜる。

ヨーグルトディップソース

オススメ食材

さつまいも

じゃがいも

かぼちゃ

材料(作りやすい分量)
プレーンヨーグルト…1/2カップ
EXVオリーブ油…大さじ2
玉ねぎのみじん切り…大さじ2
ピクルスのみじん切り…大さじ1
にんにくのすりおろし…小さじ1/2
あさつきのみじん切り・塩・こしょう
…各適量

作り方
玉ねぎは水にさらしてからみじん切りにする。材料をよく混ぜ合わせる。

フムス風ディップソース

バゲットトースト

オススメ食材

きゅうり

にんじん

パプリカ

セロリ

材料(作りやすい分量)
水きりヨーグルト…大さじ1
ひよこ豆(水煮)…100g
にんにくのすりおろし…1/2かけ分
クミンシード…小さじ1/2
白ごま…大さじ1
レモン汁・オリーブ油…各大さじ1と2/3
塩・こしょう…各少量
パプリカパウダー…適量

作り方
クミンシードはフライパンで軽くいり、白ごまと一緒にすり鉢でする。白ごまから油が出るまですったら、材料すべてをフードプロセッサーに入れ、ペースト状にする。

捨てるにはもったいない!「ホエー」

使いかけのヨーグルトの上にたまっていたり、水きりヨーグルトを作ったときに出てくる水分を「ホエー」といいます。何となく捨ててしまいがちですが、そこにはたくさんの栄養が残っているので、ぜひ活用してください。

例えば、調理前の肉をホエーに漬け込めば、乳酸の働きでやわらかくなります。また、ホットケーキやパンを作るときに加えれば、よりふっくらと仕上がります。そのまま煮込み料理に加えたり、ドレッシングに加えたりするのもオススメです。

ドレッシング作りの基本

ドレッシングの基本となる調味料は、酢、塩、油。味のベースとなる塩をしょうゆやみそなど、ほかの調味料に代えれば、いろいろな味のドレッシングができます。酢や油の種類を代えたり、好みのスパイスを加えたりすれば、さらに違った味わいに。基本的な手順を覚えて、自分好みのドレッシングを作ってみましょう。

1

油以外の調味料を混ぜ合わせます。

2

塩などが溶けたら、少しずつ油を加えてよく混ぜます。

3

水分と油分が十分に混ざって、白く濁ったようになればできあがりです。

おいしさのヒケツ
～乳化～

油と水分がよく混ざり、とろっとした状態になることを「乳化」といいます。しっかりと乳化させることで、油っこさや酸味のカドがとれ、ワンランク上のおいしいドレッシングになるのです。

サラダ作りの基本

サラダに使うことの多い葉野菜は、洗って盛りつけるだけでよい便利な食材。簡単な下ごしらえですが、基本ポイントをしっかり押さえるかどうかで、サラダのおいしさが違ってきます。

1

洗う前に、繊維に沿って手でちぎっておきます。レタス類は、包丁で切ると切り口から変色してしまうので注意。

2

ちぎった葉を、たっぷりの水を張ったボウルで洗います。軽く押すように洗うと、ボウルの底に泥などの汚れがたまるので、何度か水を替えながら洗いましょう。

3

洗った野菜はしっかりと水けをきりましょう。写真のような水きり器（サラダスピナー）を使って水けをきり、キッチンペーパーではさむように軽くおさえて水けをしっかりとります。

水きりは
しっかりと！

野菜の水きりは、サラダのおいしさを決める上で最も重要な工程のひとつ。水きりが不十分だとドレッシングが絡みにくく、味がぼやけるので、ついかけすぎて、結果的に塩分や脂質のとりすぎにもつながります。

オリーブオイルドレッシング

基本のオリーブオイルドレッシング

材料
（作りやすい分量）
EXVオリーブ油
　…大さじ3
レモン汁
　…大さじ2と1/2
塩…小さじ1/2
こしょう…少量

作り方
材料をよく混ぜ合わせる。

基本のオリーブオイルドレッシングで作る
そら豆とツナのレモン風味サラダ

材料（4人分）
そら豆（さやからはずしたもの）…200g
ミント…5g、ツナ缶（オイル漬け）…1缶（60g）
基本のオリーブオイルドレッシング…全量

作り方
1 そら豆は塩（分量外）を加えたたっぷりの湯で
　3〜4分ゆで、薄皮をむく。ミントは葉をつみ、
　盛りつけ用に少量取り分ける。
2 ボウルに1、缶汁をきったツナを入れ、基本のオ
　リーブオイルドレッシングであえる。
3 器に盛り、取り分けたミントを飾る。

アレンジ ハーブオリーブドレッシング

粒マスタード
砂糖
バジル

＋

基本の
オリーブオイル
ドレッシング

オススメ食材

くるみ
ズッキーニ
ミックスビーンズ

材料
（作りやすい分量）
**基本のオリーブオイル
　ドレッシング…大さじ3**
ハーブのみじん切り
　（バジルなど）…大さじ2
粒マスタード…小さじ1
砂糖…適量

作り方
材料をよく混ぜ合わせる。

アレンジ グリーンオリーブドレッシング

マスタード
ケイパー　グリーンオリーブ

＋

基本の
オリーブオイル
ドレッシング

オススメ食材
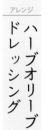
スナップえんどう
セロリ
ゆで卵
きゅうり

材料
（作りやすい分量）
**基本のオリーブオイル
　ドレッシング…大さじ3**
グリーンオリーブ…30g
ケイパー…大さじ1
マスタード…小さじ1

作り方
ケイパーとオリーブは細かく刻み、他の材料とよく混ぜ合わせる。

バルサミコ酢ドレッシング

基本のバルサミコドレッシング

材料（作りやすい分量）
EXVオリーブ油
　…大さじ2
バルサミコ酢
　…大さじ1と1/2
はちみつ…小さじ2
塩・粗びき黒こしょう
　…各適量

作り方
材料をよく混ぜ合わせる。

基本のバルサミコドレッシングで作る
いちごのバルサミコサラダ

材料（4人分）
いちご…6〜8粒、サラダ用ほうれん草…1束
ブルーチーズ…60g、ピーナッツ…適量
基本のバルサミコドレッシング…全量

作り方
1. いちごは食べやすい大きさに切り、サラダ用ほうれん草は食べやすい大きさにちぎる。ブルーチーズは食べやすい大きさにくずす。
2. 1をボウルで混ぜ合わせて器に盛り、くだいたピーナッツを散らして、基本のバルサミコドレッシングであえる。

ナッツ
レモン汁
しょうゆ
＋
基本のバルサミコドレッシング

アレンジ
和風ナッツバルサミコドレッシング

オススメ食材

ベリー類
ベビーリーフ

材料（作りやすい分量）
基本のバルサミコ
　ドレッシング…大さじ2
しょうゆ…大さじ1
レモン汁…小さじ1
好みのナッツ（写真はくるみを使用）…適量

作り方
ナッツはすり鉢でくだくようにすりつぶし、ほかの材料とよく混ぜ合わせる（ナッツはくるみのほかカシューナッツやアーモンドなど好みで）。

玉ねぎのすりおろし
にんにくのすりおろし
＋
基本のバルサミコドレッシング

アレンジ
ガーリックオニオンバルサミコドレッシング

オススメ食材

ラディッシュ
クレソン

材料（作りやすい分量）
基本のバルサミコ
　ドレッシング…全量
にんにくのすりおろし
　…1かけ分
玉ねぎのすりおろし…1/8個分

作り方
材料をよく混ぜ合わせる。

ワインビネガードレッシング

基本のワインビネガードレッシング

材料
（作りやすい分量）
白ワインビネガー
　…大さじ3
EXVオリーブ油
　…大さじ2
塩…少量

作り方
材料をよく
混ぜ合わせる。

基本のワインビネガードレッシングで作る
スプラウトとえびのサラダ

材料（4人分）
えび…8尾、にんにく…1かけ、タイム（あれば）…1枝
コリアンダー…15g
ブロッコリースプラウト…1〜2パック（50〜100g）
基本のワインビネガードレッシング…半量

作り方
1　えびは殻をむいて背ワタを取り、塩、こしょう各少量（分量外）
　をふる。
2　フライパンにサラダ油適量（分量外）、にんにく、タイムを入れ、
　弱火で熱する。香りが出てきたら、1を加えて中火で両面を焼
　く。
3　コリアンダーは葉をつみ、茎は粗みじん切りにする。
4　ボウルにスプラウト、2、3を入れ、基本のワインビネガードレッ
　シングでふんわりとあえる。

アレンジ
柑橘ワインビネガードレッシング

粗びき
黒こしょう

柑橘類の
しぼり汁

オススメ食材

玉ねぎ　にんじん

ツナ

材料
（作りやすい分量）
基本のワインビネガー
　ドレッシング…全量
柑橘類のしぼり汁
　（レモン・ライムなど）
　…大さじ2
粗びき黒こしょう…少量

作り方
材料をよく混ぜ合わせる。

アレンジ
しょうが風味のワインビネガードレッシング

しょうがのしぼり汁

オススメ食材

ちりめんじゃこ　柿

水菜　大根

材料
（作りやすい分量）
基本のワインビネガー
　ドレッシング…大さじ4
しょうがのしぼり汁
　…大さじ1と1/2

作り方
材料をよく混ぜ合わせる。

基本の米酢ドレッシング

材料
（作りやすい分量）
米酢
　…大さじ1と1/2
EXVオリーブ油
　…大さじ3
塩…少量

作り方
材料をよく混ぜ合わせる。

基本の米酢ドレッシングで作る
ブロッコリーと鶏肉のサラダ

材料（4人分）
ブロッコリー…2株、鶏胸肉…200g
基本の米酢ドレッシング…全量

作り方
1 ブロッコリーは食べやすい大きさに切り、塩（分量外）を加えた熱湯でゆでる。
2 鶏肉は皮を取り除いてそぎ切りにし、塩、こしょう各少量、片栗粉大さじ1/2（各分量外）をまぶす。
3 2の鶏肉を、沸騰した湯で2〜3分ゆで、冷水にとる。冷めたらキッチンペーパーなどで水けをふき取る。
4 1と3を器に盛り、基本の米酢ドレッシングであえる。

アレンジ
パセリ米酢ドレッシング

こしょう

パセリの
みじん切り

にんにくの
すりおろし

＋

基本の米酢
ドレッシング

オススメ食材

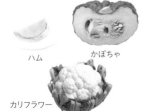

ハム　　かぼちゃ

カリフラワー

材料
（作りやすい分量）
基本の米酢ドレッシング
　…大さじ2
パセリのみじん切り…小さじ2
にんにくのすりおろし
　…小さじ1/2
こしょう…適量

作り方
材料をよく混ぜ合わせる。

アレンジ
玉ねぎ米酢ドレッシング

マスタード　マヨネーズ

こしょう　玉ねぎの
　　　　　みじん切り

＋

基本の米酢
ドレッシング

オススメ食材

レタス

うど

ホワイト
アスパラガス

セロリ

ゆで卵

材料（作りやすい分量）
基本の米酢ドレッシング
　…大さじ4
玉ねぎのみじん切り
　…大さじ1
マスタード…小さじ1
マヨネーズ…適量
こしょう…少量

作り方
材料をよく混ぜ合わせる。

酢

酢は、油とともにドレッシングの基本となる調味料です。

お酢の酸味は唾液と胃液の分泌をうながすので、野菜をおいしくたくさん食べるには、欠かせない調味料です。ほかにもお酢には、カルシウムの吸収を助けたり、食後の血糖値の上昇を抑えたりと、健康にうれしい効果がたくさん。昔に比べて、食生活の「お酢離れ」が進んでいるといわれる今日でも、サラダのドレッシングとしてなら、手軽に取り入れることができます。

原料となるのは、米などの穀物、ぶどう、りんごなどさまざまで、風味も素材によって違います。特徴を知って、使い分けることができれば、ドレッシングに限らず、料理の幅がぐっと広がること間違いナシです。

豆知識 隠し味にお酢で減塩効果

お酢には料理全体の味を引き立てる効果があるため、塩の量を減らしても物足りなさを感じず、おいしくいただくことができます。お酢と塩には、お互いのカドをとってまろやかにし、うま味を引き立て合う性質があるのです。このバランスをとることが、「塩梅（あんばい）」という言葉の語源でもあります。

りんご酢

すっきりとしたフルーティーな酸味が特徴。甘みもあるのでドリンク用に使われることが多いですが、ドレッシングにもぴったりです。

穀物酢

小麦や米、とうもろこしなど、2種類以上の穀物を原料とする酢。すっきりした酸味でクセがなく、幅広い料理に使えます。

黒酢

原料は玄米や麦。麹菌でじっくりと発酵熟成させることで、独特の色と味が生まれます。アミノ酸などのうま味成分を多く含むため、水や炭酸水で割ってドリンクとしても頂けます。

ワインビネガー

ぶどう果汁から作られ、赤と白の2種類あります。白ワインビネガーはクセがなく、きりっとした爽やかな酸味が特徴。一方、赤ワインビネガーは、少しの渋みとコクが特徴です。

米酢

まろやかな風味が特徴。その中でも原料が米だけのものは「純米酢」と呼ばれ、一層豊かなコクがあります。

バルサミコ酢

ぶどう果汁が原料で、本来は樽を替えながら12年以上熟成させる酢。とろりと濃厚な風味がありますが、市場に出回っているものは、長い熟成を省いて風味や色を近づけたものがほとんどで、通常の酢に近い使い方ができます。

和風ドレッシング

基本の和風ドレッシング

材料（作りやすい分量）
しょうゆ・酢
　…各大さじ2
サラダ油…1/2カップ

作り方
しょうゆと酢をよく混ぜる。サラダ油を少しずつたらしながら、乳化するように混ぜ合わせる。

基本の和風ドレッシングで作る
まぐろとアボカドのサラダ

材料（2人分）
まぐろ（刺身用さく）…100g、アボカド…1個
小ねぎ…2本、にんじん…1/3本、紫玉ねぎ…1/4個
パプリカ（赤）…1/2個、レタス…1枚
基本の和風ドレッシング…半量、白いりごま…適量
イタリアンパセリ…適量

作り方
1 まぐろとアボカドは1.5cm角のさいの目切りにする。小ねぎは小口切り、にんじんはせん切り、紫玉ねぎとパプリカは薄切りにする。レタスは食べやすくちぎる。
2 ボウルに1を入れて基本の和風ドレッシングであえ、器に盛ってごまをふり、イタリアンパセリを飾る。

アレンジ
和風おろしドレッシング

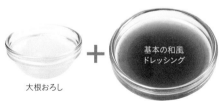

大根おろし ＋ 基本の和風ドレッシング

オススメ食材

れんこん
水菜
ちりめんじゃこ

材料（作りやすい分量）
大根おろし…大さじ2
しょうがのしぼり汁
　…大さじ1/2
基本の和風ドレッシング
　…1/2カップ

作り方
材料をよく混ぜ合わせる。

アレンジ
和風明太ドレッシング

からし明太子 ＋ 基本の和風ドレッシング

オススメ食材

わさび菜
豆腐
長いも

材料（作りやすい分量）
からし明太子…1/2腹
酒…大さじ1/2
基本の和風ドレッシング
　…1/2カップ

作り方
からし明太子は包丁の腹でしごいて薄皮を取り、酒で溶きのばしてドレッシングと混ぜる。

和風玉ねぎドレッシング

オススメ食材

紫玉ねぎ

ゆで豚

ミックスビーンズ

紫キャベツ

材料（作りやすい分量）
しょうゆ…大さじ2と1/2
玉ねぎのみじん切り
　…1/4個分
にんにくのみじん切り
　…1/4かけ分
サラダ油…1と1/2カップ
酢…1/2カップ
塩・砂糖…各大さじ1/3
こしょう…少量

作り方
材料をすべてミキサーに
かける。

和風からしドレッシング

オススメ食材

玉ねぎ

春菊

まぐろ

材料（作りやすい分量）
しょうゆ・みりん・酢・
　サラダ油
　…各1/4カップ
練りがらし…大さじ1

作り方
材料をよく混ぜ合わせる。

和風わさびドレッシング

オススメ食材

ごぼう
のり
オクラ
サーモン

材料（作りやすい分量）
しょうゆ・酢
　…各大さじ1と1/2
サラダ油…大さじ1
練りわさび・砂糖
　…各小さじ1

作り方
材料をよく混ぜ合わせる。

和風にんにくドレッシング

オススメ食材

レタス
大根
いか
蒸し牛肉

材料（4人分）
しょうゆ…大さじ1
酢・砂糖…各大さじ2
塩…小さじ1/2
にんにくのすりおろし
　…小さじ1/3

作り方
材料をよく混ぜ合わせる。

中華風ドレッシング

基本の中華風ドレッシング

材料（作りやすい分量）
しょうゆ・ごま油
　　…各1/4カップ
酢…1/2カップ
砂糖…大さじ1

作り方
ごま油以外の材料をよく
混ぜる。ごま油を少しず
つたらしながら、乳化す
るように混ぜ合わせる。

基本の中華風ドレッシングで作る
きくらげとえびのあえ物

材料（4人分）
きくらげ（乾燥）…5g、えび…8尾
ブロッコリー…1/2株
基本の中華風ドレッシング…1/4量

作り方
1 きくらげはもどして食べやすい大きさに切る。
　えびは殻をむいて背ワタを取り、下ゆでして
　水けをきる。ブロッコリーは小房に分け、下ゆ
　でして水けをきる。
2 ボウルに1を入れ、基本の中華風ドレッシング
　であえる。

中華風干しえびドレッシング

オススメ食材

ハム

きゅうり

パプリカ

材料（作りやすい分量）
しょうゆ・ごま油…各1/4カップ
酢…1/2カップ
砂糖・干しえび…各大さじ1

作り方
干しえびはすり鉢で粗くすりつ
ぶす。ごま油以外の材料をよく
混ぜ、ごま油を少しずつたらしな
がら、乳化するように混ぜ合
わせる。

中華風しょうがドレッシング

オススメ食材

白菜

三つ葉

油揚げ

材料（作りやすい分量）
しょうゆ・すし酢
　　…各大さじ4
ごま油…大さじ1
しょうがのすりおろし
　　…大さじ1

作り方
材料をよく混ぜ合わせる。

中華風山椒ドレッシング

オススメ食材

水菜
さといも
カリカリ
ベーコン
大根

材料（作りやすい分量）
しょうゆ…大さじ2
酢・砂糖…各小さじ2
ごま油…小さじ1弱
粉山椒…小さじ1
長ねぎのみじん切り
　…5cm分
しょうがのみじん切り
　…1かけ分

作り方
材料をよく混ぜ合わせる。

中華風生とうがらしドレッシング

オススメ食材

もやし
蒸し鶏
紫玉ねぎ

材料（作りやすい分量）
しょうゆ・ごま油
　…各1/4カップ
生青とうがらしの小口切り・
　生赤とうがらしの小口切り
　…各大さじ1
酢…1/2カップ
砂糖…大さじ1

作り方
生青とうがらしと生赤とうがらしをごま油に1日漬ける。残りの材料とよく混ぜ合わせる。

中華風ゆずドレッシング

オススメ食材

長ねぎ
クレソン
蒸し鶏
さやいんげん

材料（作りやすい分量）
しょうゆ・ごま油
　…各1/4カップ
酢…1/2カップ
砂糖・ゆずのしぼり汁
　…各大さじ1

作り方
ごま油以外の材料をよく混ぜる。ごま油を少しずつたらしながら、乳化するように混ぜ合わせる。

中華風塩麹ドレッシング

オススメ食材

トマト
えび
オクラ
カリフラワー

材料（作りやすい分量）
しょうゆ・ごま油
　…各1/4カップ
酢…1/2カップ
砂糖・塩麹…各大さじ1

作り方
ごま油以外の材料をよく混ぜる。ごま油を少しずつたらしながら、乳化するように混ぜ合わせる。

しょうゆドレッシング

スパイシーしょうゆドレッシングで作る
揚げなすのスパイシードレッシングかけ

材料（4人分）
なす…2本、揚げ油…適量、トマト…1個、青じそ…3枚
みょうが…2個、**スパイシーしょうゆドレッシング**…全量

作り方
1 なすは縞目に皮をむき、縦半分に切ってから、長さ4cmに切る。
2 トマトはくし形切り、みょうがは細切りにする。青じそは手でちぎる。
3 170℃に熱した揚げ油でなすを素揚げし、油をきる。
4 揚げたてに**スパイシーしょうゆドレッシング**を絡ませ、トマトとみょうが、青じそを加えてさらにあえる。

スパイシーしょうゆドレッシング

材料（作りやすい分量）
しょうゆ・粒黒こしょう（ホール）
　…各大さじ1/2
サラダ油…大さじ2
しょうがのみじん切り・
　レモン汁…各大さじ1

作り方
材料をよく混ぜ合わせる。

エシャロットしょうゆドレッシング

オススメ食材

ラディッシュ

水菜

材料（作りやすい分量）
しょうゆ…大さじ4
エシャロットのみじん切り
　…10本分
しょうがのすりおろし…2かけ分
かぼすのしぼり汁…1個分
ごま油…大さじ2

作り方
材料をよく混ぜ合わせる。

ベーコンしょうゆドレッシング

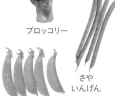

オススメ食材

ブロッコリー

さやいんげん

スナップえんどう

材料（作りやすい分量）
しょうゆ…大さじ1と1/2
ベーコン…3枚、酢…大さじ3
砂糖…小さじ2

作り方
フライパンを弱火で熱して、細切りにしたベーコンを2〜3分炒める。脂が出てきたら、調味料を加えて、少し煮詰めて火を止める。

ポン酢ドレッシング

オリーブポン酢ドレッシング

材料（作りやすい分量）
ポン酢しょうゆ
　…大さじ4
EXVオリーブ油
　…大さじ2
粗びき黒こしょう
　…少量

作り方
材料をよく混ぜ合わせる。

オリーブポン酢ドレッシングで作る
さといもとベーコンのサラダ

材料（2人分）
さといも…7～8個、ベーコン…2枚、ゆで卵…1個
サラダ油…適量
オリーブポン酢ドレッシング…半量

作り方
1 さといもは皮をむいて熱湯でゆで、熱いうちに粗くつぶし、オリーブポン酢ドレッシングであえる。ベーコンは2cm幅に、ゆで卵はくし形に切る。
2 フライパンにサラダ油を熱し、ベーコンを焼き色がつくまで焼く。
3 さといもに2のベーコンを加えて器に盛り、ゆで卵をのせる。

梨ポン酢ドレッシング

オススメ食材
ベビーリーフ
水菜
きゅうり

材料（作りやすい分量）
ポン酢しょうゆ（市販品）
　…大さじ2
梨のすりおろし…1/2個分
レモン汁…1/4個分
ごま油…小さじ2、酢…少量

作り方
材料をよく混ぜ合わせる。

昆布茶ポン酢ドレッシング

オススメ食材
サニーレタス
アルファルファ
長いも

材料（作りやすい分量）
ポン酢しょうゆ
　・大根おろし…各大さじ2
サラダ油…1/2カップ
ちりめんじゃこ…大さじ1
昆布茶…大さじ1/3

作り方
ボウルに昆布茶、ポン酢、サラダ油を入れてよく混ぜ合わせる。じゃこと大根おろしを加えて混ぜる。

みそドレッシング

基本のみそドレッシング

材料
（作りやすい分量）
みそ…大さじ3
サラダ油…2/3カップ
酢…1/3カップ
粉がらし…小さじ2
こしょう…小さじ1/3

作り方
材料をよく混ぜ合わせる。

基本のみそドレッシングで作る
蒸し鶏のサラダ

材料（2人分）
鶏胸肉…1/2枚、トマト…1個、きゅうり…1/2本
レタス…2枚、基本のみそドレッシング…1/4量

作り方
1 鶏肉は耐熱容器に入れて酒適量（分量外）をふり、電子レンジ（600W）で約4分加熱し、中まで火を通す。粗熱が取れたら、大きめに裂く。
2 トマトは半月切り、きゅうりは細切りにする。レタスは食べやすくちぎる。
3 器に2を盛り、1をのせて基本のみそドレッシングをかける。

ゆずみそドレッシング

オススメ食材

かぶ

白菜

材料（作りやすい分量）
白みそ…大さじ3と1/3
ゆずのしぼり汁・サラダ油…各大さじ2/3
酒…大さじ1と1/3
しょうゆ・酢…各大さじ2/3
ゆずこしょう…小さじ1/2

作り方
酒を火にかけ、アルコールをとばす。冷ましてから、他の材料とよく混ぜ合わせる。

しょうがみそドレッシング

オススメ食材

レタス

カリカリベーコン　ゆで豚

材料（作りやすい分量）
みそ・みりん・ごま油
　・白すりごま…各大さじ1/2
酢…大さじ1
一味とうがらし…少量
にんにくのすりおろし…少量
しょうがのすりおろし…少量

作り方
材料をよく混ぜ合わせる。

めんつゆドレッシング

和風めんつゆドレッシング

材料
（作りやすい分量）
めんつゆ（3倍濃縮）・
　水…各1/4カップ
酢…大さじ1
ごま油…少量

作り方
材料をよく混ぜ合わせる。

和風めんつゆドレッシングで作る
なすとわかめの和風サラダ

材料（2人分）
なす…2本、わかめ（乾燥）…適量
かつお節…適量
和風めんつゆドレッシング…適量

作り方
1 なすは輪切りにする。わかめは水でもどす。
2 フライパンに多めのサラダ油（分量外）を
　ひき、なすを揚げ焼きにする。
3 2を器に盛り、水けをきったわかめ、かつお
　節をのせ、和風めんつゆドレッシングをか
　ける。

黒酢玉ねぎめんつゆドレッシング

オススメ食材

とうふ

まぐろ

水菜

材料（作りやすい分量）
めんつゆ（2倍濃縮）・黒酢・
　サラダ油…各1/2カップ
玉ねぎ…1個
砂糖…大さじ1

作り方
玉ねぎは薄切りにして水にさらす。び
んに材料をすべて入れてよく混ぜ、
玉ねぎを加えてひと晩寝かせる。

洋風めんつゆドレッシング

オススメ食材

スナップえんどう

パプリカ　　トマト

材料（作りやすい分量）
めんつゆ（2倍濃縮）
　…大さじ4
EXVオリーブ油
　…大さじ3と1/3
白ワインビネガー
　…大さじ1と1/3
レモン汁…小さじ1

作り方
材料をよく混ぜ合わせる。

ごまドレッシング

基本のごまドレッシング

材料
（作りやすい分量）
白いりごま…大さじ3
サラダ油…大さじ5
酢…大さじ4
しょうゆ
　…大さじ1と1/2
ごま油…大さじ1

作り方
材料をよく混ぜ合わせる。

基本のごまドレッシングで作る
れんこんときぬさやのサラダ

材料（4人分）
れんこん…2節（300g）、酢…少量、きぬさや…70g
塩…少量、ハム…4枚
基本のごまドレッシング…大さじ5

作り方
1 れんこんは皮をむき、2〜3mm幅の薄切りにし、水にさらす。
2 沸騰した湯に酢を加え、れんこんをさっとゆで、ざるにあげて水けをよくきる。きぬさやは筋を取り、沸騰した湯に塩を加えてゆで、冷水にとり水けをよくきる。
3 ハムは食べやすい大きさに切る。
4 2、3をボウルに入れ、基本のごまドレッシングであえる。

中華ごまドレッシング

オススメ食材

ゆで豚

とうふ

水菜

材料（作りやすい分量）
白練りごま…大さじ1
白いりごま…大さじ1/2
ごま油・サラダ油…各1/4カップ
しょうゆ・酢…各大さじ2
甜麺醤…大さじ1/3

作り方
油以外の材料をよく混ぜ合わせ、油を少しずつ加えながらよく混ぜ合わせる。

ノンオイルごまドレッシング

オススメ食材

長いも

まいたけ

大根

材料（作りやすい分量）
白炒りごま…大さじ1/2、酢…大さじ4
砂糖・塩…各小さじ1/2
鶏ガラスープの素…小さじ1/4
水…大さじ3、こしょう…少量

作り方
耐熱ボウルにスープの素と分量の水を入れ、ラップをかけずに電子レンジ（500W）で40秒ほど加熱し、よく混ぜてスープの素を溶かす。残りの材料を加え、砂糖が溶けるまでよく混ぜ合わせて冷ます。

梅ドレッシング

基本の梅ドレッシング

材料（作りやすい分量）
梅干し…2個
ごま油…大さじ1
しょうゆ…大さじ1/2
砂糖…小さじ1

作り方
梅干しは種を除いてたたき、
他の材料とよく混ぜ合わせる。

基本の梅ドレッシングで作る
レタスと三つ葉の梅サラダ

材料（2人分）
レタス…1/2個、三つ葉…1/4束
基本の梅ドレッシング…半量

作り方
1 レタスはひと口大にちぎる。三つ葉は葉
　を摘み、茎を3cm長さに切る。
2 ざるにレタス、三つ葉の茎を広げ、熱湯
　を回しかける。すぐに冷水にとり、よく水
　けをきる。
3 ボウルに基本の梅ドレッシングを入れ、
　2とあえる。

梅ごまドレッシング

オススメ食材

さといも

サニーレタス

ゆで豚

材料（作りやすい分量）
梅干し…2個
梅酢（市販品）…大さじ1
白いりごま…大さじ3
太白ごま油…大さじ2
しょうゆ…小さじ2

作り方
梅干しは種を除いてたたき、
他の材料とよく混ぜ合わせる。

カリカリ梅ドレッシング

オススメ食材

蒸し鶏

青じそ　　セロリ

材料（作りやすい分量）
梅肉・カリカリ梅・しば漬け
　…各大さじ1
サラダ油…1/2カップ
しょうゆ・酢…各大さじ2

作り方
カリカリ梅としば漬けは5mm
角に切り、他の材料とよく混
ぜ合わせる。

ナンプラードレッシング

基本のナンプラードレッシング

材料（作りやすい分量）
ナンプラー・レモン汁・
　サラダ油
　（あればピーナッツ油）
　…各大さじ1
赤とうがらし
　（あれば青とうがらし）
　の小口切り…1/2本分
にんにくのみじん切り…少量
塩…少量

作り方
材料をよく混ぜ合わせる。

基本のナンプラードレッシングで作る
牛肉と春雨のエスニックサラダ

材料（4人分）
牛もも薄切り肉…100g、ナンプラー…少量
春雨…40g、セロリ…1/2本、コリアンダー…適量
基本のナンプラードレッシング…全量

作り方
1 鍋に湯を沸かしてナンプラーを加え、牛肉を1枚
　ずつ広げながらさっと湯通しする。冷水にとり、
　水けをきる。
2 春雨は熱湯でもどして食べやすい長さに切る。セ
　ロリは斜め薄切りにする。
3 ボウルに1、2、ちぎったコリアンダー、基本のナン
　プラードレッシングを入れて混ぜ合わせる。

エスニックドレッシング

オススメ食材

トマト

青パパイヤ

えび

セロリ

材料（作りやすい分量）
ナンプラー・チリソース・砂糖・
　干しえびのみじん切り・
　ピーナッツの粗みじん切り・
　コリアンダーのみじん切り…各大さじ1
レモン汁…大さじ2
にんにくのみじん切り・
　赤とうがらしのみじん切り…各大さじ1/4

作り方
材料をよく混ぜ合わせる。

ベトナム風ドレッシング

オススメ食材

コリアンダー

キャベツ

ぶんたん

材料（作りやすい分量）
ナンプラー…大さじ1
小ねぎの小口切り…8本分
サラダ油…大さじ4
酢…大さじ3
砂糖…大さじ1と1/2
塩…小さじ1/2
にんにくのみじん切り…1かけ分
赤とうがらしの小口切り…1本分

作り方
小ねぎをボウルに入れて
おき、サラダ油でにんにく
を炒めて、香りが出たら油
ごと小ねぎにかける。別の
小鍋に残りの材料を入れ
て火にかけ、砂糖が溶け
たらボウルの万能ねぎ油
と混ぜる。

基本のカレードレッシング

材料（作りやすい分量）
カレー粉・砂糖
　…各小さじ1
酢…大さじ2
EXV オリーブ油
　…大さじ1
しょうゆ・塩
　…各小さじ1/2

作り方
材料をよく混ぜ合わせる。

基本のカレードレッシングで作る
スパイシーサラダ
材料（4人分）
カリフラワー…1株、じゃがいも…1個
パプリカ（赤）…1/4個、コリアンダー…適量
黒いりごま…適量
基本のカレードレッシング…全量

作り方
1 カリフラワーは小房に分けてゆで、水けをきる。じゃがいもは食べやすい大きさに切ってゆで、水けをきって塩、こしょう各適量（分量外）をふる。パプリカは薄切りにする。
2 ボウルに1を入れ、ちぎったコリアンダーとごまを加え基本のカレードレッシングであえる。

カレー風味のイタリアンドレッシング

オススメ食材

ズッキーニ

ミニトマト

材料（作りやすい分量）
カレー粉…大さじ1/3、EXV オリーブ油…1/2カップ
トマトの角切り（5mm角）…1/4個分
レモン汁…大さじ2、バジルのみじん切り…大さじ1
にんにくのみじん切り…1/6かけ分
塩・こしょう…各適量

作り方
カレー粉はからいりするかオーブンで加熱して香りを立たせ、オリーブ油以外の材料とよく混ぜ合わせる。オリーブ油を少しずつ加え、よく混ぜ合わせる。

カレー風味のクミンドレッシング

オススメ食材

キャベツ

レンズ豆

紫玉ねぎ

材料（作りやすい分量）
カレー粉…小さじ2/3
EXV オリーブ油…大さじ4
レモン汁…大さじ2
クミンパウダー・塩…各小さじ1
にんにくのすりおろし…少量
粗びき黒こしょう…適量

作り方
ボウルにオリーブ油以外の材料を入れて混ぜ合わせ、オリーブ油を少しずつ加えてよく混ぜる。

豆板醤
ドレッシング

基本の豆板醤ドレッシング

基本の豆板醤ドレッシングで作る
干物のサラダ

材料（2人分）
魚の干物（塩さばなど）…1/2枚、セロリ…1/4本
水菜…1/4束、にんじん…5cm、白いりごま…適量
基本の豆板醤ドレッシング…全量

作り方
1 干物は焼いて、皮と骨を除いて粗くほぐす。セ
　ロリの葉はざく切りに、茎はせん切りにする。
　水菜はざく切りに、にんじんはせん切りにする。
2 **基本の豆板醤ドレッシング**を小鍋に入れて混
　ぜながら温める。
3 器に1を盛り、2をかけ、ごまをふる。

材料（作りやすい分量）
ごま油…大さじ3
酢・しょうゆ…各大さじ1
豆板醤…小さじ1
塩・こしょう…各少量

作り方
材料をよく混ぜ合わせる。

豆板醤ごまドレッシング

オススメ食材

さやいんげん

玉ねぎ

ゆで卵

蒸し鶏

材料（作りやすい分量）
白いりごま…大さじ4
ごま油…大さじ2
豆板醤…小さじ1/2
にんにく・しょうがのすりおろし
　…各少量
こしょう…適量

作り方
材料をよく混ぜ合わせる。

豆板醤ザーサイドレッシング

オススメ食材

チンゲン菜

空芯菜

さといも

かぼちゃ

材料（作りやすい分量）
しょうゆ・酢…各大さじ2
ザーサイ・長ねぎのみじん切り
　…各大さじ1
豆板醤・白いりごま…各大さじ1/2
ごま油・サラダ油…各1/4カップ

作り方
ボウルにしょうゆ、酢、ごまを入れて混
ぜ、ごま油とサラダ油を、糸をたらすよ
うに入れながら混ぜる。ザーサイ、長ね
ぎ、豆板醤を加えて混ぜ合わせる。

基本のコチュジャンドレッシングで作る
牛肉と春菊のサラダ

材料（4人分）
牛切り落とし肉…180g、春菊…1束（量は好みで調節）
パプリカ（赤）…1/2個、ごぼう…15cm
基本のコチュジャンドレッシング…全量、ごま油…適量

作り方
1 パプリカは縦に細切りにする。ごぼうは太めのささがきにして
　さっと水にさらし、水けをきる。春菊は3cm長さに切る。
2 フライパンにごま油を熱して牛肉を炒め、肉の色が変わり始めた
　ら、ごぼう、パプリカの順に加えて、全体に火が通るまで炒める。
3 器に春菊を敷き、2をのせる。基本のコチュジャンドレッシン
　グをふる。

基本のコチュジャンドレッシング

材料
（作りやすい分量）
コチュジャン・酢
　…各大さじ3
ごま油
　…小さじ1と1/2

作り方
材料をよく
混ぜ合わせる。

にんにく風味コチュジャンドレッシング

オススメ食材

キャベツ

いか
ひじき

材料（作りやすい分量）
コチュジャン…大さじ1〜1と1/2
しょうゆ・酢…各大さじ2と1/2
白すりごま・ごま油
　…各大さじ1と1/2
砂糖…大さじ1
にんにくのみじん切り…1かけ分

作り方
材料をよく混ぜ合わせる。

みそコチュジャンドレッシング

オススメ食材

もやし
ゆでだこ

かぶ
ミニトマト

材料（作りやすい分量）
コチュジャン・砂糖
　…各大さじ3弱
酢・みそ…各大さじ1と1/2
濃口しょうゆ…大さじ1/4
白すりごま…大さじ1
にんにくのすりおろし…小さじ1

作り方
材料をよく混ぜ合わせる。

アンチョビドレッシング

基本のアンチョビドレッシングで作る

ゆで卵とツナのニース風サラダ

材料（2人分）
ミディトマト…1個、じゃがいも…小4個
ツナ缶（オイル漬け）…1缶（165g）
ゆで卵（半熟）…2個
黒オリーブ（種抜き）…4粒
イタリアンパセリ…1パック（20g）
基本のアンチョビドレッシング…半量

作り方
1 トマトはひと口大に切る。じゃがいもは皮つきのままひと口大に切り、ゆでてざるに上げる。
2 ツナはオイルをきる。ゆで卵は横半分に切る。黒オリーブは粗みじんに切る。
3 ボウルに1と2を入れ、基本のアンチョビドレッシングであえて器に盛り、ざく切りにしたイタリアンパセリをのせる。

基本のアンチョビドレッシング

材料（作りやすい分量）
アンチョビのみじん切り…2枚分
EXVオリーブ油…1/2カップ
バルサミコ酢…大さじ2
ケイパー・パセリのみじん切り
　…各大さじ1
白ワイン…大さじ1/2
にんにくのすりおろし
　…大さじ1/6
こしょう…少量

作り方
ボウルにオリーブ油とパセリ以外の材料を入れて泡立て器で混ぜる。オリーブ油を糸をたらすように加えて混ぜ、パセリを加える。

モナコ風ドレッシング

オススメ食材

じゃがいも

アーティチョーク

小魚

材料（作りやすい分量）
アンチョビのみじん切り…1枚分
EXVオリーブ油…1/2カップ
黒オリーブのみじん切り・レモン汁
　…各大さじ2
マスタード…大さじ1/2
塩・こしょう…各適量

作り方
オリーブ油以外の材料を混ぜ合わせ、オリーブ油を少しずつ加えながらよく混ぜる。

パンチェッタのアンチョビドレッシング

オススメ食材

さやいんげん

ロメインレタス

材料（作りやすい分量）
トマトの角切り（5mm角）…1/4個分（50g）
パンチェッタ…30g、アンチョビ…2枚
白ワインビネガー…大さじ1

作り方
パンチェッタとアンチョビを5mm幅の棒状に切る。フライパンでパンチェッタを脂を出すように弱火で炒める。アンチョビを加えてよく炒め、白ワインビネガー、トマトを加えて炒め合わせる。

ハーブドレッシング

オレガノとバジルのドレッシング

オレガノとバジルのドレッシングで作る
チキンと野菜のグリルサラダ
材料（2人分）
鶏もも肉…1枚、パプリカ（赤）…1個
さやいんげん…10〜15本、トマト…1個
好みの葉野菜…適量
オレガノとバジルのドレッシング…半量
作り方
1 鶏肉はひと口大に切る。パプリカもひと口大に切り、さやいんげんは2cm長さに切る。
2 フライパンにサラダ油適量（分量外）を熱し、1の鶏肉を焼く。パプリカ、さやいんげんも加えて焼く。
3 鶏肉に火が通ったら、ひと口大に切ったトマトと一緒に器に盛り、好みの葉野菜を添え、オレガノとバジルのドレッシングをかける。

材料（作りやすい分量）
EXVオリーブ油…大さじ2
酢…大さじ1
ドライオレガノ・
ドライバジル・
にんにくパウダー
…各小さじ2
砂糖…小さじ2
塩・こしょう…各適量
作り方
材料をよく混ぜ合わせる。

ミントドレッシング

オススメ食材

紫玉ねぎ

ミックスビーンズ

にんじん

紫キャベツ

材料（作りやすい分量）
サラダ油…1/2カップ
白ワインビネガー…大さじ2
ミントの葉のみじん切り…大さじ1
ライム汁…大さじ1
マスタード…大さじ1/2
塩・こしょう…各適量
作り方
材料をよく混ぜ合わせる。

ディルとゆずのドレッシング

オススメ食材

大根

ツナ

サーモン

材料
（作りやすい分量）
ディルの葉…4〜5枚
ゆずの皮…1個分、レモン汁…1/2個分
EXVオリーブ油…大さじ2
はちみつ…少量、塩・こしょう…各適量
作り方
ディルの葉は細かく刻み、ゆずの皮はすりおろす。すべての材料を混ぜ合わせる。

オレンジ風味のマヨネーズドレッシングで作る

玄米チキンサラダ

材料（2人分）
玄米…1カップ、きゅうり…1/3本、ラディッシュ…1個
鶏もも肉…小1枚、レタス…適量
オレンジ風味のマヨネーズドレッシング…半量
イタリアンパセリの粗みじん切り…適量

作り方
1 鍋に玄米とたっぷりの水を入れて25〜30分、少し粒感が残る程度にゆで、ざるにあげて水けをきる。
2 きゅうり、ラディッシュは薄切りにする。鶏もも肉は塩・こしょう各適量（分量外）をまぶして魚焼きグリルで焼き、薄切りにする。
3 器に1を盛り、ちぎったレタス、2をのせてオレンジ風味のマヨネーズドレッシングをかける。好みで粗びき黒こしょう適量（分量外）をふり、イタリアンパセリを散らす。

オレンジ風味のマヨネーズドレッシング

材料（作りやすい分量）
マヨネーズ…大さじ3
オレンジのしぼり汁
　…大さじ2（約2/3個分）
チキンスープ
　｜顆粒チキンコンソメ
　｜　…小さじ1/2
　｜湯…大さじ1
塩…ひとつまみ
こしょう…適量

作り方
材料をよく混ぜ合わせる。

和風マヨネーズドレッシング

オススメ食材
ツナ
切り干し大根

材料（作りやすい分量）
レモン汁…大さじ3
マヨネーズ…大さじ2
ごま油…大さじ1
しょうゆ…小さじ1、砂糖…ふたつまみ
しょうがのすりおろし・塩・こしょう
　…各少量

作り方
材料をよく混ぜ合わせる。

にんにく風味のクリーミーマヨドレッシング

オススメ食材
かぶ

ホワイトアスパラガス

材料（作りやすい分量）
マヨネーズ…大さじ2、オリーブ油…大さじ2
マスタード…大さじ1と1/3、牛乳…小さじ2
赤ワインビネガー…小さじ2、塩…小さじ1/2
にんにくのすりおろし・こしょう…各少量

作り方
オリーブ油以外の材料をボウルに入れてよく混ぜ、オリーブ油を少しずつ加えて混ぜ合わせる。

みそマヨディップ

みそマヨディップで作る
じゃがいもとローズマリーのオーブン焼き

材料（4人分）
じゃがいも…3個、ローズマリー…2枝、にんにく…1かけ
塩…適量、EXVオリーブ油…適量、みそマヨディップ…全量

作り方
1 ボウルにひと口大に切ったじゃがいも、ローズマリー、皮つきのままつぶしたにんにく、塩、オリーブ油を入れ、油が回るようにかき混ぜる。
2 耐熱容器にのせ、200℃に熱したオーブンで焼く。ときどき混ぜて、全体に火が通るようにする。
3 じゃがいもに火が通ったら器に盛りつけ、みそマヨディップをかける。

材料
（作りやすい分量）
マヨネーズ…大さじ6
オリーブ油…大さじ2
みそ…小さじ2
ゆずの皮のみじん切り
　…1/3個分

作り方
材料をよく混ぜ合わせる。

かにとゆで卵のディップ

オススメ食材

パプリカ
ブロッコリー　セロリ

材料（作りやすい分量）
ゆで卵の粗みじん切り
　…1/2カップ（2個分）
かにのほぐし身…1/2カップ
マヨネーズ…大さじ3
玉ねぎのみじん切り…大さじ2
バジルのせん切り…2枚分
塩・こしょう…各適量

作り方
材料をよく混ぜ合わせる。

ピリ辛マヨディップ

オススメ食材

れんこん
サンチュ　春菊
きゅうり

材料
（作りやすい分量）
マヨネーズ…大さじ6
豆板醤…小さじ1/2
しょうゆ…小さじ1/4
にんにくのすりおろし
　…少量

作り方
材料をよく混ぜ合わせる。

しょうゆ味、塩味、みそ味…など、好みの味のたれ・ソース・ドレッシングを探せるよう、この本で紹介しているおもなレシピを味別の一覧にしました。

和風桜えびのリゾット …………82
親子丼 …………90
牛丼 …………90
韓国風牛丼 …………90
まぐろ漬け丼 …………91
洋風漬け丼 …………91
深川丼 …………91
砂糖じょうゆだれ
　（卵かけごはん）…………92
昆布しょうゆだれ
　（卵かけごはん）…………92
おかかしょうゆごま油
　（卵かけごはん）…………92
薬味しょうゆだれ
　（卵かけごはん）…………92
和風パエリア…………93
基本の牛肉の下味
　（ビビンバ）…………94
照り焼きソース（バーガー）……98
しょうゆベース（鍋）…………112
関東風すき焼き…………116
関西風すき焼き…………116
韓国風すき焼き…………116
基本の焼きうどん…………118
基本のつけつゆ（そば）…………119
きのこつけ汁（そば）…………119
基本のそうめんつゆ…………121
しょうゆラーメン…………126
しょうゆだれ（冷やし中華）……127
基本の和風ドレッシング…………168
和風明太ドレッシング…………168
和風おろしドレッシング…………168
和風玉ねぎドレッシング…………169
和風からしドレッシング…………169
和風わさびドレッシング…………169
和風にんにくドレッシング…………169
基本の中華風ドレッシング……170

しょうがじょうゆ漬け
　（一夜漬け）………………38
スタミナ漬け（一夜漬け）………38
韓国風漬け（一夜漬け）………38
基本のひじき煮…………39
ひじきバターしょうゆ煮…………39
大根おろしやっこ…………40
まぐろ納豆…………41
おかかしょうゆごま油（納豆）…41
基本のゴーヤチャンプルー………42
きのこあん（揚げだし豆腐）…42
にんにく風味バターしょうゆ
　（ハンバーグ）…………46
和風ロールキャベツ…………51
和風ラタトゥイユ…………53
和風アクアパッツァ…………56
和風マリネ液…………57
町中華の酢豚…………62
定番酢じょうゆだれ
　（ぎょうざ）…………63
炒めにんにくだれ（ぎょうざ）…63
わさびだれ（ぎょうざ）…………63
基本のかに玉あん…………64
和風青椒肉絲…………64
基本のレバにら…………65
しょうゆ味の八宝菜…………66
しょうが風味のたれ
　（シューマイ）…………70
基本のシューマイ…………70
基本の油淋鶏のたれ…………71
基本の春巻き…………72
基本のチャプチェ…………74
さっぱりチャプチェ…………74
しょうゆベース（焼き肉）…………75
さんしょうじょうゆ（おにぎり）…78
基本の炊き込みごはん…………80
基本のチャーハン…………81

しょうゆ

基本の照り焼き…………14
基本のホイル焼き…………15
レモンしょうゆだれ
　（ホイル焼き）…………15
鶏つくねのたれ（串焼き）…………16
基本の肉野菜炒め…………17
基本のしょうが焼き…………18
すりおろし玉ねぎの
　しょうが焼き …………18
基本の肉じゃが…………18
基本の甘辛手羽先…………19
基本の下味（から揚げ）…………20
しょうがじょうゆ（天ぷら）………21
ポン酢しょうゆ（トンカツ）………22
甘辛ソース（トンカツ）…………22
しょうがソース（トンカツ）………22
角煮…………25
ラフテー…………25
基本の筑前煮…………25
基本の煮魚…………26
基本の南蛮だれ（南蛮漬け）……26
香味野菜のさっぱり南蛮だれ
　（南蛮漬け）…………26
香味だれ（焼き魚）…………27
蒲焼きのたれ（焼き魚）…………27
ポン酢だれ（かつおのたたき）…28
基本のぶり大根…………29
土佐じょうゆ（刺身）…………30
しょうがじょうゆ（刺身）…………30
あんかけ茶碗蒸し…………33
基本のきんぴら…………34
基本の煮びたし…………35
ピリ辛煮びたし…………35
基本のとろみあん
　（かぶら蒸し）…………35

みそラーメン ……………………126
基本のみそドレッシング………174
しょうがみそドレッシング ……174
ゆずみそドレッシング…………174

酢

基本の甘酢だれ
　（チキン南蛮）………………19
酢ナムル（あえもの）…………36
わさび酢おひたし ………………37
バルサミコソース（ムニエル）……55
基本のマリネ液 …………………57
黒酢酢豚……………………………62
黒酢だれ（ぎょうざ）……………63
赤じそだれ（シューマイ）………70
基本の酢みそ ……………………131
山椒酢みそ………………………131
ふき酢みそ………………………131
土佐酢……………………………136
香味酢……………………………136
柿みぞれ酢………………………136
甘酢………………………………137
緑酢………………………………137
おろしりんご酢…………………137
三杯酢……………………………137
薬味酢ソース……………………151
カボチャのディップソース ……153
基本のバルサミコ
　　ドレッシング………………163
ガーリックオニオン
　　バルサミコドレッシング……163
和風ナッツ
　　バルサミコドレッシング……163
基本のワインビネガー
　　ドレッシング………………164
しょうが風味のワインビネガー
　　ドレッシング………………164

西京焼きの漬け床（焼き魚）……27
ごまみそ漬け（一夜漬け）………38
基本の練りみそ
　　（ふろふき大根）……………39
ゆずみそ（ふろふき大根）………39
白玉みそ（ふろふき大根）………39
ねぎみそやっこ……………………40
ねぎみそ七味（納豆）……………41
みそチャンプルー…………………42
みそソース（カツレツ）…………48
大葉みそソース（ソテー）………49
みそマヨソース
　　（サラダディップソース）……58
みそ風味レバにら…………………65
車麩の回鍋肉風……………………67
和風マーボー豆腐…………………68
みそだれ（棒棒鶏）………………69
みそ風味春巻き ……………………72
コチュみそだれ（チヂミ）………74
みそベース（焼き肉）……………75
ごまみそ（焼きおにぎり）………78
ねぎみそ（焼きおにぎり）………78
くるみみそ（焼きおにぎり）……78
みそマヨグラタン…………………83
梅みそソース（オムライス）……89
ねぎみそ七味だれ
　　（卵かけごはん）……………92
基本のみそ汁 ……………………102
豆乳みそ汁………………………102
豚汁………………………………104
和風豆乳シチュー………………105
和風ビーフシチュー……………105
木の芽だれ（鍋）………………113
みそ煮込みうどん………………118
みそ豆乳だれ（そうめん）……121
みそラーメン風つゆ
　　（そうめん）…………………121

中華風しょうがドレッシング ……170
中華風干しえびドレッシング ……170
中華風山椒ドレッシング ………171
中華風生唐辛子ドレッシング ……171
中華風ゆずドレッシング…………171
中華風塩麹ドレッシング………171
スパイシーしょうゆドレッシング ……172
ベーコンしょうゆドレッシング ……172
エシャロットしょうゆドレッシング …172

塩

レモン塩焼き（ホイル焼き）……15
塩肉じゃが…………………………18
抹茶塩（天ぷら）…………………21
カレー塩（天ぷら）………………21
塩ポン酢（刺身）…………………30
クミンレモン（目玉焼き）………32
七味塩（目玉焼き）………………32
ねぎ塩やっこ………………………40
ソーミンチャンプルー……………42
レモン塩だれ（ぎょうざ）………63
塩味の八宝菜………………………66
塩だれ（焼き肉）…………………75
栗ごはん……………………………80
豆ごはん……………………………80
塩だれ（しゃぶしゃぶ）………114
塩レモンつゆ（そうめん）……121
塩焼きそば………………………125
塩ラーメン………………………126

みそ

ごまみそ焼き（ホイル焼き）……15
ピリ辛みそソース（串焼き）……16
みそ炒め（肉野菜炒め）…………17
みそしょうが焼き …………………18
みそカツソース（トンカツ）……22
みそ煮（煮魚）……………………26

レモンツナマヨディップ
（サラダディップソース）………58
基本のポテトサラダ………………59
コンビーフ入りポテトサラダ……59
マヨごまだれ（棒棒鶏）…………69
甘辛マヨだれ（チヂミ）…………74
アボカド鮭（おにぎり）…………78
マヨネーズしょうゆ
（焼きおにぎり）………………78
明太クリームソース（オムライス）…89
マヨソース（サンドイッチ）………96
クリーミーレモンソース
（サンドイッチ）………………96
ピクルスマヨネーズソース
（バーガー）……………………98
サウザンアイランドソース
（バーガー）……………………98
ピーナッツだれ冷めん…………127
基本の手作りマヨネーズ………140
手作りソイマヨネーズ…………140
基本のタルタルソース…………141
和風タルタルソース……………141
ケイパータルタルソース………141
基本のオーロラソース…………142
チリ風味のオーロラソース……142
大人のオーロラソース…………142
基本のツナマヨソース…………143
ツナマヨソースピクルス入り……143
クリーミーツナマヨソース……143
基本の明太マヨソース…………144
クリーミー明太ソース…………144
たらこマヨソース………………144
わさびマヨソース………………145
おかかマヨソース………………145
梅マヨソース……………………145
アンチョビマヨソース…………147
カレーマヨソース………………148

基本の酢豚…………………………62
グレープフルーツジュース入り
酢豚………………………………62
甘酢あん（かに玉）………………64
チリだれ（春巻き）………………72
基本のエビチリ……………………72
本格エビチリ………………………72
ケチャップベース（焼き肉）………75
ケチャップだれ（焼き肉）………75
わさびソース（オムライス）………89
ナポリタン風焼きそば…………125
スイートチリソース……………154
バーベキューソース……………154
ケチャップ風味ドレッシング……154
ごまケチャップソース…………155
イタリアントマトソース………155
レモンケチャップソース………155

マヨネーズ

マヨネーズソース（串焼き）………16
基本のタルタルソース
（チキン南蛮）…………………19
チーズタルタルソース
（揚げものソース）………………23
マヨしょうゆだれ
（かつおのたたき）………………28
からしマヨ（目玉焼き）…………32
マヨたま焼き（卵焼き）…………33
ごまマヨあえ………………………36
マヨ白あえ…………………………36
ゆでキャベツ＋からしマヨ
（納豆）……………………………41
ディルソース（ステーキ）………44
マヨカレーソース（ステーキ）…44
マヨしょうゆソース（ソテー）……49
レモンマヨソース
（ムニエル）………………………55

酢のつづき

柑橘ワインビネガー
ドレッシング…………………164
基本の米酢ドレッシング………165
玉ねぎ米酢ドレッシング………165
パセリ米酢ドレッシング………165
黒酢玉ねぎ
めんつゆドレッシング………175
ミントドレッシング……………183

ポン酢

薬味ポン酢だれ（から揚げ）……20
ポン酢マヨネーズ漬け
（一夜漬け）………………………38
オクラ納豆の緑ポン酢……………41
おろしだれ（焼き肉）……………75
おろしポン酢だれ（鍋）…………113
ポン酢しょうゆ
（しゃぶしゃぶ）………………114
基本のポン酢しょうゆ…………130
簡単ポン酢しょうゆ……………130
塩ポン酢…………………………130
オリーブポン酢ドレッシング……173
昆布茶ポン酢ドレッシング……173
梨ポン酢ドレッシング…………173

トマトケチャップ

チリソース炒め（肉野菜炒め）……17
チリだれ（焼き魚）………………27
洋風きんぴら………………………34
納豆と厚揚げのチリソース………41
定番のソース（ハンバーグ）………46
ワインケチャップソース
（ピカタ）…………………………50
ピリ辛つけだれ（スペアリブ）…53
簡単ケチャップソース
（オムレツ）………………………57

グレイビーソース
　（ローストチキン）·············52
白ワインソース（ムニエル）·······55
基本のアクアパッツァ·············56
基本のパエリア·················93
基本のブイヤベース·············109
簡単ブイヤベース·············109

赤ワイン

赤ワインソース（ステーキ）·······44
ビーフソース（オムライス）·······89
基本のビーフシチュー·············105
赤ワインすき焼き·············116

甜麺醤

町中華の回鍋肉·················67
牛カルビの回鍋肉·················67
基本の四川マーボー豆腐·······68
甜麺醤だれ（生春巻き）·······73
中華風みそ（焼きおにぎり）·······78
甘みそだれ（鍋）·············113
基本の甜麺醤だれ·············134
ごまマヨ甜麺醤だれ·············134
甘辛甜麺醤だれ·············134

コチュジャン

韓国風肉じゃが·················18
ヤンニョムチキン（手羽先）·······19
コチュジャン味のぶり大根·······29
コチュジャンあえ·················36
コチュジャンやっこ·············40
コチュレモンだれ（チヂミ）·······74
甘辛だれ（焼き肉）·············75
基本のコチュジャンドレッシング····181
にんにく風味コチュジャン
　ドレッシング·············181
みそコチュジャンドレッシング···181

だし

基本の天つゆ·················21
あさりのだし蒸し·················28
定番のだし巻き卵·············33
基本の茶碗蒸し·················33
基本のおひたし·················37
基本の揚げだし豆腐のあん···42
和風かに玉あん·················64
すまし汁·····················104
もずく汁·····················104
和風ポトフ·····················106
和風ミネストローネ·············108
レモンとろろだれ
　（しゃぶしゃぶ）·············114
濃いめのつゆ（おでん）·······115
あっさりつゆ（おでん）·······115
京風うどん·····················118

洋風スープ

基本のロールキャベツ
　コンソメ·····················51
洋風みそ汁·····················102
基本のポトフ·····················106
基本のクラムチャウダー·······107
基本のポタージュ·············108
洋風おでん·····················115

中華風スープ

中華茶碗蒸し·················33
かにあん（かぶら蒸し）·······35
中華コーンスープ·············109
酸辣湯風スープ·············109

白ワイン

レモンバター煮（煮魚）·······26
フライドチキンのもみだれ·······52

オレンジ風味の
　マヨネーズドレッシング·······184
にんにく風味の
　クリーミーマヨドレッシング···184
和風マヨネーズ
　ドレッシング·············184
みそマヨディップ·············185
カニとゆで卵のディップ·······185
ピリ辛マヨディップ·············185

粒マスタード

マスタードナムル·················36
粒マスタードソース
　（ステーキ）·················44
マスタードマヨソース·············146
和風マスタードソース·············146
ディルマスタードソース·············146

ウスターソース・中濃ソース

簡単ソース（揚げものソース）·····23
ソースカツ丼·····················91
メキシカンピラフ·············93
BBQソース（バーガー）·············98
基本の焼きそば·················125

オイスターソース

オイスターソース炒め
　（肉野菜炒め）·················17
オイスターソースの下味
　（から揚げ）·················20
オイスターだれ（ゆで豚）·······24
中華風きんぴら·················34
オイスターだれ（ぎょうざ）·······63
基本の青椒肉絲·················64
基本の八宝菜·················66
オイスターソースだれ
　（卵かけごはん）·············92

すりごま・練りごま・いりごま

基本のごまあえ ……………………36
ごまみそあえ ……………………36
ごまマヨあえ ……………………36
ごま酢おひたし ……………………37
ごまソース（ハンバーグ）………47
和風シーズニング
　（フライドチキン）………………52
温野菜の和風ごまソース
　（サラダディップソース）………58
基本の棒棒鶏だれ ………………69
マヨごまだれ（棒棒鶏）………69
ごま風味の牛肉の下味
　（ビビンバ）………………………94
ごまみそ汁 ………………………102
ごまバター豚汁 …………………104
ごまみそベース（鍋）……………112
香味ごまだれ（鍋）………………113
ごまだれ（しゃぶしゃぶ）………114
ごまだれ（そうめん）……………121
中華風ごまつゆ（そうめん）……121
ごまだれ（冷やし中華）…………127
中華風ごまだれ …………………132
ごま酢だれ ………………………132
ごまクリームだれ ………………132
基本のごまドレッシング ………176
中華ごまドレッシング …………176
ノンオイルごまドレッシング ……176

ナンプラー

ナンプラー照り焼き ………………14
ナンプラーの下味
　（から揚げ）………………………20
ねぎだれ（目玉焼き）……………32
ナンプラーだれ（シューマイ）……70
ナンプラーだれ（生春巻き）………73

カレー

カレー照り焼き ……………………14
カレーしょうゆ炒め
　（肉野菜炒め）……………………17
カレー筑前煮 ………………………25
カレーきんぴら ……………………34
カレークリームソース
　（ピカタ）…………………………50
スパイシーシーズニング
　（フライドチキン）………………52
カレーマリネ液 ……………………57
カレー風味ポテトサラダ …………59
カレーリゾット ……………………82
カレードリア ………………………83
基本のカレーライス ………………84
酒粕入りカレー ……………………84
野菜のスープカレー ………………85
チキンのヨーグルトカレー ………85
キーマカレー ………………………86
ドライカレー ………………………86
南国風ポークカレー ………………87
カレーピラフ ………………………93
みそカレーおでん …………………115
カレーうどん ………………………118
カレー南蛮つゆ
　（そうめん）………………………121
カレー風味焼きそば ………………125
カレーマヨソース …………………148
和風カレーソース …………………148
カレー＆マスタードの
　スパイシーソース ………………148
基本のカレードレッシング ………179
カレー風味の
　クミンドレッシング ……………179
カレー風味の
　イタリアンドレッシング ………179

XO 醤

XO 醤だれ（シューマイ）…………70
XO 醤チャーハン …………………81
基本の XO 醤だれ ………………135
オリーブ風味の XO 醤だれ ……135
マヨ XO 醤だれ …………………135

豆板醤

基本の豆板醤ドレッシング……180
豆板醤ザーサイ
　ドレッシング……………………180
豆板醤ごまドレッシング …………180

梅

梅照り焼き …………………………14
梅だれ（ホイル焼き）………………15
梅だれ（から揚げ）…………………20
和風梅ソース（揚げものソース）…23
梅風味だれ（かつおのたたき）……28
梅酢漬け（一夜漬け）………………38
梅あん（揚げだし豆腐）……………42
梅肉ソース（ステーキ）……………44
洋風梅ソース（カツレツ）…………48
梅酢豚 ………………………………62
梅おろしだれ（ぎょうざ）…………63
梅おかか（おにぎり）………………78
梅肉じょうゆ（焼きおにぎり）……78
梅肉しょうゆ（しゃぶしゃぶ）……114
梅昆布焼きうどん …………………118
梅じそ（パスタ）……………………124
基本の梅だれ ………………………133
梅酢だれ ……………………………133
梅みそだれ …………………………133
基本の梅ドレッシング ……………177
カリカリ梅ドレッシング …………177
梅ごまドレッシング ………………177

マンハッタン
　クラムチャウダー ……………107
トマトのポタージュ ……………108
基本のミネストローネ …………108
トマトベース（鍋）……………112
トマトポン酢つゆ（そうめん）…121
ポモドーロ（パスタ）…………124
ミートソース（パスタ）………124
にんじんのディップソース ……153

チーズ

チーズシーズニング
　（フライドチキン）……………52
チーズ入りシューマイ …………70
ブルーチーズソース ……………156
辛みチーズディップソース ……156
シーザーソース …………………156
カッテージチーズソース ………157
クリームチーズソース …………157
フォンデュソース ………………157

ヨーグルト

ヨーグルトソース ………………158
イタリアンヨーグルトソース …158
ヨーグルトマスタードソース …158
ヨーグルトマヨソース …………159
ヨーグルトディップソース ……159
フムス風ディップソース ………159

オレガノとバジルの
　ドレッシング…………………183
ディルとゆずの
　ドレッシング…………………183

トマト

カクテルソース（トンカツ）………22
トマトソース
　（揚げものソース）……………23
トマト香味だれ（ゆで豚）………24
トマトジュース煮（煮魚）………26
ひじきのトマト煮 ………………39
フレッシュトマトソース
　（ステーキ）……………………44
レッドソース（ハンバーグ）……46
トマトソース（カツレツ）………48
イタリアントマトソース
　（ピカタ）………………………50
基本のロールキャベツトマト……51
基本のラタトゥイユ ……………53
トマトのアクアパッツァ ………56
基本のチリコンカン ……………56
簡単チリコンカン ………………56
自家製ケチャップ（オムレツ）…57
トマトだれ（油淋鶏）……………71
トマトのリゾット ………………82
ホールトマト缶で作るソース
　（ハヤシライス）………………88
ダブルトマトソース
　（オムライス）…………………89
サルサソース（タコライス）………94
タコソース（タコライス）………94
和風サルサソース（タコライス）…94
基本のピザソース ………………99
トマトポトフ ……………………106
基本のガスパチョ ………………107
和風ガスパチョ …………………107

タイ風チャーハン ………………81
エスニックポトフ ………………106
簡単野菜のフォー ………………128
基本のナンプラーソース ………149
ナンプラー赤ワイン
　ビネガーソース ………………149
エスニック香味ソース…………149
基本のナンプラードレッシング …178
ベトナム風ドレッシング………178
エスニックドレッシング………178

オリーブ油

グリーンだれ（ゆで豚）…………24
イタリアン南蛮だれ
　（南蛮漬け）……………………26
イタリアン冷ややっこ…………40
レモン＋オリーブ油（納豆）……41
バジルソース（カツレツ）………48
ハーブオイル焼き
　（スペアリブ）…………………53
さんまの炊き込みごはん
　オリーブ油風味………………80
ガーリックパエリア ……………93
アボカドソース（バーガー）………98
ペペロンチーノ（パスタ）………122
アンチョビオイル ………………138
レモンオイル……………………138
ハーブオイル……………………138
アリッサオイル…………………138
青じそオイル……………………138
タップナードソース……………147
きゅうりのソース ………………153
基本のオリーブオイル
　ドレッシング…………………162
グリーンオリーブ
　ドレッシング…………………162
ハーブオリーブドレッシング……162

スタッフ

アートディレクション／石倉ヒロユキ
編集・執筆協力／清水和子
デザイン／regia
写真／石倉ヒロユキ、本田犬友
調味料製作／中村佳瑞子、岩崎由美
校正／聚珍社

和・洋・中・エスニック etc.
定番の家庭料理からお店の味まで

たれ・ソース・ドレッシングの基本とアレンジ大全 801

2024 年 5 月 7 日　第 1 刷発行
2024 年 7 月 1 日　第 2 刷発行

発行人　土屋　徹
編集人　滝口勝弘
発行所　株式会社Gakken
〒 141-8416　東京都品川区西五反田 2-11-8
印刷所　大日本印刷株式会社

●この本に関する各種お問い合わせ先
本の内容については、下記サイトのお問い合わせフォームよりお願いします。
　https://www.corp-gakken.co.jp/contact/
在庫については　Tel 03-6431-1250（販売部）
不良品（落丁、乱丁）については　Tel 0570-000577
　学研業務センター　〒 354-0045　埼玉県入間郡三芳町上富 279-1
上記以外のお問い合わせは　Tel 0570-056-710（学研グループ総合案内）

学研グループの書籍・雑誌についての新刊情報・詳細情報は、下記をご覧ください。
学研出版サイト　https://hon.gakken.jp/

※本書は、2014 年刊の『たれ・ソースの基本と
アレンジ571』、2015 年刊の『サラダがおいし
いドレッシングとソース　基本とアレンジ274』
（ともに Gakken 刊）の掲載レシピを再編集し、
新規コンテンツを追加した増補合本版です。